魅力あふれるうるわし古都

奈良 へ

JN073074

京極祥江

## はじめに

『倭は国のまほろば　たたなづく青垣　山籠れる倭し麗し』
（大和は国のなかでももっとも素晴らしいところだ。
　幾重にも重なった青い垣根の山、そのなかにこもっている大和は美しい）

———

　古事記におさめられている歌で、倭健命がふるさとへの思いをこめて詠んだものだとか。私が小学生の頃に読んでいた、大和和紀作のマンガ『天の果て地の限り』にも出てきました。『万葉集』を代表する女流歌人、額田王が主人公のこのマンガを読んでいた当時は、まさか自分が奈良に住むことになるとは思ってもいませんでした。

　中学の修学旅行ではじめて奈良を訪れましたが、とくにピンと来ず……。大人になってからは、大好きな『源氏物語』の舞台になった京都ばかり旅していました。

　奈良の魅力を知ったのは、住んでからのこと。豊かな自然、おいしい大和野菜、大らかでやさしい県民性、そしてなによりそこかしこに息づく歴史と文学。道を歩いていたら鏡王女の歌碑があったり、ふと訪れた場所が谷崎潤一郎の短編の舞台だったり。若い人たちが古民家をリノベーションして素敵なカフェを開いたりと、新しいムーブメントも起きています。大仏と鹿はもちろんですが、それ以外にも見どころがたくさんあります！

　この本には、私が奈良に住んでいた時に見つけた「とっておき」を詰め込みました。「うるわし」奈良へ、ぜひ出かけてみてください。きっと奈良が大好きになるはずです。

# Contents

## QRコードでMAPをチェック！

上記のQRコードから、本書紹介スポットの詳細マップ（Googleマイマップ）を表示できます。また、各スポットの紹介ページに記載しているQRコードからもマップを表示できます。

※本書掲載のデータは2023年1月現在のものです。施設の移転、閉店、価格改定などにより実際と異なる場合があります。また掲載商品は現在取り扱っていない可能性もあります
※入場料は基本的に大人料金を記載しています
※営業時間や定休日は、時期によって変動する場合があります。また、施設の都合により急遽変更される場合もあるため、最新情報は施設のSNSなどで確認されることをおすすめします
※「無休」と記載している施設でも、年末年始、ゴールデンウイーク、お盆などは休業する場合があります
※QRコードは株式会社デンソーの登録商標です

## 奈良について

　奈良県は、紀伊半島の中央にあり、四方を山に囲まれたいわゆる「海なし県」。大きく分けると、奈良市や生駒市など多くの人口を擁する北西部の「大和平野地域」、高原が広がる北東部の「大和高原地域」、そして吉野山や大峰山、紀伊山地など山深い中部〜南部の「五條・吉野地域」の3つに分けられます（P.8「奈良県MAP」参照）。

　奈良の歴史は非常に古く、三輪氏、物部氏、葛城氏などの氏族はヤマト王権が成立する前から奈良の地で生活していました。伝説の女王・卑弥呼が統治していたと伝わる邪馬台国は、奈良県桜井市の纏向遺跡という説を取る人も多いのです。おそらくは邪馬台国の時代から、平安京に遷都される794年まで、奈良は都として大変栄えていました。

その後は「南都」と呼ばれるようになり、後醍醐天皇による南朝が吉野で成立したりと、歴史のそこかしこに顔を出します。

　県民性はどうでしょうか？ 関西というと大都市の大阪や、同じく古都ながら圧倒的な知名度を誇る京都、国際都市の神戸におされてか、奈良や奈良県人の印象はいまいち薄いというのが正直なところでしょう。実は、奈良の専業主婦率は40.5％で全国1位（平成27年の国勢調査による）。また2019年度の「県女性活躍推進に関する意識調査」では「夫は外で働き、妻は家庭を守るべき」と考える人の割合は42.9％（全国平均は35.0％）。ここから透けて見えるのは、保守的な県民性です。そういえば周囲を見渡してみても、声高になにかを訴える人は見当たら

奈良といえば鹿。奈良公園にいる鹿は大切に保護されているけれど野生動物で、どんぐりなどを食べて生きている。鹿せんべいは「おやつ」という位置づけ。

ず、伝統的な価値観を大切に、おっとりゆったり構えている人が多いという印象です。また私は現在京都在住で、京都、大阪、奈良をしょっちゅう運転しますが、奈良県人の運転マナーがいちばんいいと思います。ここにも「おっとりゆったり」の県民性があらわれているのかもしれません。

奈良を舞台にした文学も見逃せません。誰もが知る『万葉集』のほか、『古事記』や『日本書紀』の編纂がはじまったのも奈良。『天上の虹』（里中満智子著）や『日出処の天子』（山岸涼子著）などのマンガがきっかけで、奈良にはまったという人も多いはず。マンガ片手に奈良めぐり、というのもいいのではないでしょうか。

この本で紹介しているのは大和平野地域に属する奈良市、斑鳩町、王寺町、三郷町、生駒市、明日香村、橿原市（今井町）が中心ですが、吉野山やそのほかの地域についても触れています。奈良観光というと、どうしてもアクセスのいい大和平野地域で終わってしまいがちなのですが、五條・吉野地域にも国栖や洞川温泉など見どころがいっぱい。2日、3日とゆっくり時間をかけて、ぜひいろんな場所に出かけてみてください。

Photo: Tomoko Yoshimura

# 奈良市中心部MAP

東包永町

東笹鉾町

**16** ミジンコブンコ [P.55]

平城山駅

関西本線（大和路線）

船橋町　北市町

**19** Cafe & Restaurant POOL [P.58]　奈良女子大

奈良県立大　奈良商店街　船橋町

やすらぎの道

**2** 中川政七商店
奈良本店
[P.30]

**1** 茶論 [P.32]

**2** 猿田彦珈琲
[P.33]

**3** 喫つね [P.33]

**19** 鹿猿狐ビルヂング
[P.30]

新大宮駅　369　近鉄奈良線

**1** 活版工房 丹 [P.29]　東向北町

近鉄奈良駅 ○ 近鉄奈良駅　奈良県庁 ◎

**2** 興福寺
[P.16]

登大路町

国宝館

大宮通り

**5** ホテル日航奈良 [P.137]　■開化天皇陵

**17** 赤膚焼 大塩正史陶房
[P.26]

**7** おちゃのこ [P.48]　小西町

**3** 奈良御菓子製造所
ocasi
[P.34]　■五重塔

三条通り

**4** 中川政七商店 分店 土産 奈良三条店 [P.34]

JR奈良駅　三条町　奈良もちいどのセンター街

猿沢池

奈良県外国人
観光客交流館
（猿沢イン）

**8** canata conata [P.39]
とよのあかり すずの音

**22** Bar Savant [P.62]　椿井町

**9** kakigori ほうせき箱 [P.49]　餅飯殿町

**13** 平宗 奈良店
[P.52]

■ ならまち
センター

**7** 藤田芸香亭 [P.38]

三条本町　今御門町

**6** Cafe TANNE [P.47]

奈良駅

**3** NIPPONIAホテル 奈良 ならまち [P.135]　下御門町

**14** おはなさんのおむすび屋さん [P.53]　東城戸町

勝南院町

**12** onwa
[P.51]

杉ヶ町　ならまち大通り

**5** 元興寺 [P.19]

鵲町

**13** ならまちパン工房okage
[P.44]

**8** 御菓子司 春日庵 [P.48]

中新屋町

**15** 奈良町にぎわいの家 [P.24]

奈良町資料館　西新屋町

公納堂町

**5** BOLIK COFFEE [P.46]

奈良警察署　卍庚申堂　御霊神社 卍　芝新屋町

ならまち

郡山駅

**17** そうめん処スルスル [P.56]　元興寺町

薬師堂町

済美小 ⊗

**15** 菩薩咖喱
[P.54]

春日中 ⊗

**11** 砂糖傳増尾商店本店 [P.42]

桜井線（万葉まほろば線）

**16** ならまち格子の家 [P.24]

京終駅

**9** 吉田蚊帳 [P.40]

南京終町

本書紹介スポット　**0** 見どころ&その他　**0** ショップ　**0** 飲食店　**0** 宿泊施設

正倉院 ■

雑司町

**4** 若草山 [ P.18 ]

大仏池

二月堂 ■

大仏殿

■ 法華堂 (三月堂)

■ 戒壇院千手堂

**1** 東大寺 [ P.14 ]

■ 中門

鏡池

■ 若草山入山北ゲート

東大寺ミュージアム ■

■ 奈良春日野国際フォーラム甍別館

■ 南大門

**21** 仏蘭西料理 La Terrasse [ P.60 ]

依水園

**6** 幟・INOUE [ P.36 ]

若草山入山南ゲート

**21** 氷室神社 [ P.50 ]

■ ザ・ヒルトップテラス奈良

氷室神社・国立博物館

■ 奈良春日野国際フォーラム甍

**11** 春日野窯／カフェハルヒノ [ P.50 ]

**10** 奈良国立博物館 [ P.21 ]

東大寺大仏殿・春日大社前

葛葉植物園

奈良公園

**10** 奈良イタリアン Bambuno [ P.49 ]

春日野町

春日大社本殿 ■ 国宝殿

**2** MIROKU 奈良 by THE SHARE HOTELS [ P.134 ]

**3** 春日大社 [ P.17 ]

■ 鹿苑

荒池

鷺池

若宮神社

**1** 奈良ホテル [ P.132 ]

紀伊神社

**18** 粟 ならまち店 [ P.57 ]

**10** cojica books [ P.41 ]

奈良ホテル

破石町

**5** coto mono [ P.35 ]

**13** 志賀直哉旧居 [ P.22 ]

**4** カナカナ [ P.45 ]

**12** 春鹿酒蔵ショップ [ P.43 ]

**14** 今西家書院 [ P.23 ]

高畑町

卍 新薬師寺

飛鳥中

飛鳥小

**11** 入江泰吉奈良市写真美術館 [ P.21 ]

奈良教育大

奈良女子大附属中

東紀寺町

白毫寺町

市立奈良病院

0　　　　　N　　　　500m

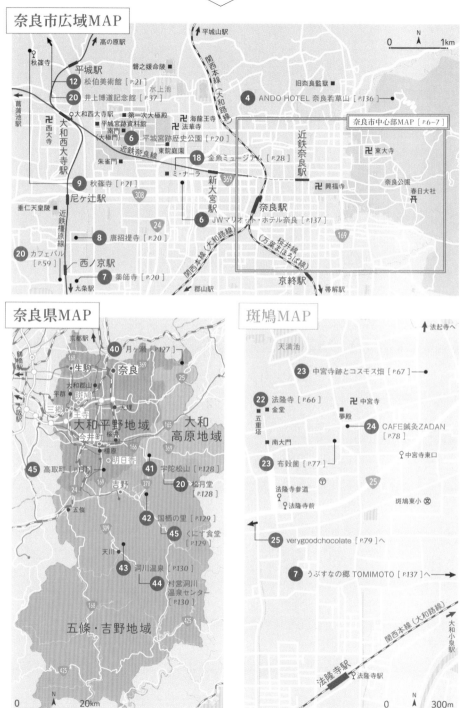

# 奈良市広域MAP

N 0 ─── 1km

- 秋篠寺
- 高の原駅
- 平城山駅
- 平城駅
- 磐之媛命陵
- 旧奈良監獄
- **12** 松伯美術館 [P.21]
- **20** 井上博道記念館 [P.37]
- 水上池
- **4** ANDO HOTEL 奈良若草山 [P.136]
- 菖蒲池駅
- 西大寺
- 大和西大寺駅
- 大和西大寺駅
- 第一次大極殿
- 平城宮跡資料館
- 南門 大極殿
- 海龍王寺
- 法華寺
- **6** 平城宮跡歴史公園 [P.20]
- 近鉄奈良線
- 東院庭園
- 朱雀門
- **18** 金魚ミュージアム [P.28]
- ミ・ナーラ
- 369
- 奈良市中心部MAP [P.6-7]
- 近鉄奈良駅
- 東大寺
- 興福寺
- 奈良公園
- 春日大社
- **9** 秋篠寺 [P.21]
- 尼ヶ辻駅
- 308
- 新大宮駅
- 奈良駅
- 垂仁天皇陵
- 近鉄橿原線
- 24
- **6** JWマリオット・ホテル奈良 [P.137]
- 桜井線（万葉まほろば線）
- 169
- **8** 唐招提寺 [P.20]
- 関西本線（大和路線）
- **20** カフェバル [P.59]
- 西ノ京駅
- **7** 薬師寺 [P.20]
- 九条駅
- 郡山駅
- 京終駅
- 帯解駅

# 奈良県MAP

- 京都駅
- 163
- **40** 月ヶ瀬 [P.127]
- 生駒
- 奈良
- 369
- 大和郡山
- 25
- 斑鳩
- 三郷
- 天理
- 大阪駅
- 平群
- 大和平野地域
- 桜井
- 大和高原地域
- 今井町
- 165
- 橿原
- 166
- 明日香
- 369
- **45** 高取町 [P.131]
- 宇陀松山 [P.128]
- **41**
- **20** 松月堂 [P.128]
- 24
- 169
- 吉野
- 370
- 五條
- **42** 国栖の里 [P.129]
- 309
- **45** くにす食堂 [P.129]
- 天川
- **43** 洞川温泉 [P.130]
- **44** 村営洞川温泉センター [P.130]
- 五條・吉野地域
- 168
- 425
- 425
- N 0 ─── 20km

# 斑鳩MAP

- 法起寺へ
- 天満池
- **23** 中宮寺跡とコスモス畑 [P.67]
- **22** 法隆寺 [P.66]
- 中宮寺
- 金堂
- 五重塔
- 夢殿
- **24** CAFE鍼灸ZADAN [P.78]
- 南大門
- **23** 布穀園 [P.77]
- 中宮寺東口
- 法隆寺参道
- 法隆寺前
- 斑鳩東小
- 25
- **25** verygoodchocolate [P.79]へ
- **7** うぶすなの郷 TOMIMOTO [P.137]へ
- 関西本線（大和路線）
- 大和小泉駅
- 法隆寺駅
- 法隆寺駅
- 王寺駅
- N 0 ─── 300m

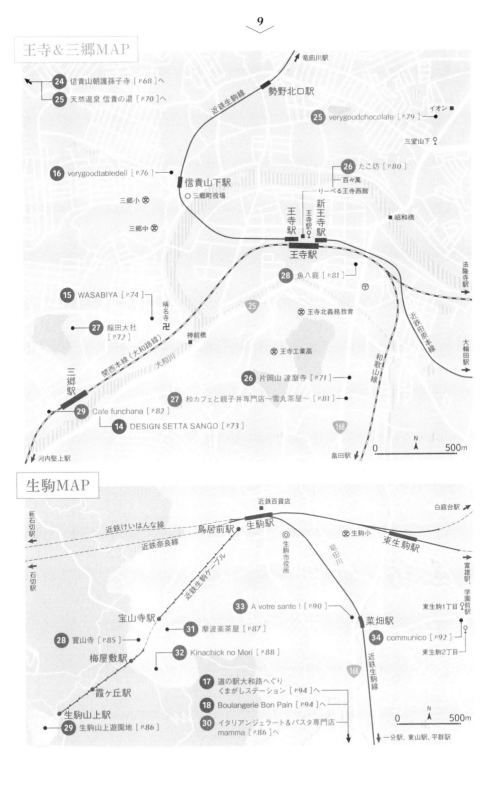

王寺＆三郷MAP

**24** 信貴山朝護孫子寺［P.68］へ
**25** 天然温泉 信貴の湯［P.70］へ

竜田川駅

近鉄生駒線

勢野北口駅

**25** verygoodchocolate［P.79］ ─ イオン■

三室山下

**16** verygoodtabledeli［P.76］ ─

信貴山下駅

○三郷町役場

三郷小⊗

三郷中⊗

**26** たこ坊［P.80］
─ 百々萬
─ りーべる王寺西館

王寺駅
新王寺駅
王寺駅

王寺駅

■昭和橋

法隆寺駅

**28** 魚八庭［P.81］─

〒

**15** WASABIYA［P.74］

稱名寺
卍

神前橋

⊗王寺北義務教育

25

**27** 龍田大社
［P.72］

関西本線（大和路線）

大和川

三郷駅

⊗王寺工業高

**26** 片岡山 達磨寺［P.71］─

**27** 和カフェと親子丼専門店〜雪丸茶屋〜［P.81］─

和歌山線

近鉄田原本線

大輪田駅

**29** Cafe funchana［P.82］
**14** DESIGN SETTA SANGO［P.73］

河内堅上駅

168

畠田駅

0    N    500m

生駒MAP

近鉄百貨店

白庭台駅

新石切駅

近鉄けいはんな線

近鉄奈良線

鳥居前駅
生駒駅

近鉄生駒ケーブル

○生駒市役所

竜田川

⊗生駒小

東生駒駅

石切駅

富雄駅、
学園前駅

東生駒1丁目

**33** A votre sante！［P.90］

宝山寺駅

**31** 摩波楽茶屋［P.87］

菜畑駅

**28** 寶山寺［P.85］─

**34** communico［P.92］

梅屋敷駅

**32** Kinachick no Mori［P.88］

東生駒2丁目

近鉄生駒線

霞ヶ丘駅

**17** 道の駅大和路へぐり
くまがしステーション［P.94］へ

**18** Boulangerie Bon Pain［P.94］へ

生駒山上駅

**29** 生駒山上遊園地［P.86］

**30** イタリアンジェラート＆パスタ専門店
mamma［P.86］へ

168

一分駅、東山駅、平群駅

0    N    500m

# 奈良市中心部と
# 周辺の町々

------------

# 奈良市中心部

ならしちゅうしんぶ

奈良の旅ではずせないスポット、それが奈良市中心部です。人によってその定義はやや異なると思いますが、私にとっては、東西は春日大社からJR奈良駅まで、南北は東大寺から市立奈良病院あたりまで。このなかに主な見どころのほか、もとは元興寺の境内だった場所を中心に町家などの古い建物が残り、かわいい古民家カフェやレストランが立ち並ぶ「ならまち」エリアもすっぽり入ります。

旅の起点となる近鉄奈良駅はターミナル駅ながら駅前にデパートなどはなく、駅から5分も歩けば奈良公園の緑が広がり、散策が楽しいエリア。奈良公園、興福寺、猿沢池……とどこに行っても鹿だらけで、鹿が人間をまったく怖がらず、我がもの顔でのし歩く姿にびっくりするはずです。とってもおとな

しくてかわいい鹿ですが、鹿せんべいを買ったその瞬間に突進してくるのでご注意を!

奈良市中心部を観光する際のポイントは歩きやすい靴を履くこと、これに尽きます。とくにならまちのなかはバスが通っていないため、徒歩しか移動手段がありません。気になるお店をのぞいたりしながらそぞろ歩きするのは楽しく、景観も美しいのでずんずん歩いてしまい、気がついたら2万歩も歩いていた……なんていうことも決してめずらしくありません。スニーカーを履いて、あちこちめぐり自分だけのお気に入りスポットを見つけてください。

提灯が街をいろどるイベント「ならまち遊歩」では、猿沢池にも明かりが。8月下旬に開催。

奈良の鹿は──

奈良の鹿は、春日大社にまつられている武甕槌命（たけみかづちのみこと）が、白鹿の背に乗り茨城県の鹿島神宮からやって来たという伝説により「神鹿」（しんろく）として神聖視されています。傷つけるのは言語道断、大切に保護されてきたからこそ人に慣れている……のですが、太平洋戦争中の食糧難の時期には相当数が食べられてしまい、終戦直後には79頭まで減少してしまった、というのもまた事実。

街歩きの途中にひと休みしたくなったら、猿沢池そばにある奈良県外国人観光客交流館と、図書館やカフェを併設しているならまちセンターが便利。トイレもきれいです。

# 鹿を見ながらの散策が楽しい

町を歩けば鹿にあたる奈良。奈良
公園にある鹿苑では、毎年秋に
「シカの角切り」が行われる。

# 東大寺
とうだいじ

MAP 見どころ&その他 ① [P.7] 奈良市中心部

## 》》奈良のシンボル、盧舎那大仏を擁するお寺

　奈良といえば大仏様。華厳宗大本山東大寺の大仏様を知らない大人は、日本にはほぼいないのではないでしょうか。大仏様の正式な名前は盧舎那大仏といいます。「盧舎那」とはサンスクリット語のヴァイローチャナの音訳で、「光明遍照（知慧と慈悲の光明をあまねく照らす）」という意味です。盧舎那大仏は、奈良時代の天平21（749）年に鋳造。地震によって頭部が落下したり、戦国時代などには戦火の被害を受けたりと数々の苦難にさらされましたが、そのたびに再建され多くの人々の信仰を集めてきました。

　東大寺には盧舎那大仏のほか、東大寺最古の建物「法華堂（三月堂）」や、2020年7月より約3年間の予定で特別公開中の「戒壇院千手堂」など見どころがいっぱい。もちろん1250年以上一度も中断されず続いている法要「修二会」が行われる二月堂も見逃せません。修二会は3月1〜14日に本行が毎日行われますが、3月13日未明の「お水取り」（本尊に供える香水を汲み上げる行事）が有名です。

📍奈良市雑司町406-1
0742-22-5511
www.todaiji.or.jp
大仏殿4〜10月7:30〜17:30、11〜3月8:00〜17:00、
法華堂・戒壇院千手堂8:30〜16:00、無休
大仏殿、法華堂、戒壇院千手堂各600円
JR奈良駅または近鉄奈良駅から奈良交通バスの
市内循環外回り(2系統)に乗り
「東大寺大仏殿・春日大社前」下車、徒歩約5分

参拝者が少ない朝早い時間に訪れるのがおすすめ。1998年には「古都奈良の文化財」のひとつとして世界遺産に登録された。

「お水取り」「お松明」という名で親しまれ、人々の幸福を願う行事「修二会」。修二会がはじまると、春の訪れを感じる。Photo: Akihiko Kimura

盧舎那大仏は東大寺の本尊で、国宝に指定されている。像高14.98m、台座高3.05m。

# 興福寺

こうふじ

興福寺は法相宗の大本山。五重塔は2030年3月までの予定で、約120年ぶりの大規模修理中。

📍奈良市登大路町48
0742-22-5370（国宝館）
www.kohfukuji.com
9:00〜17:00（最終受付16:45）、無休
国宝館700円、東金堂300円、中金堂500円、
国宝館・東金堂連帯共通券900円
近鉄奈良駅から徒歩約5分

》》 阿修羅像を常設展示
古都奈良を象徴するお寺

　30代以上の人なら、覚えているのではないでしょうか。2009年に興福寺の阿修羅像が東京国立博物館に展示され大人気に。90万人を超える人たちが訪れ、「阿修羅ブーム」になったことを。実は私も見たかったのですが、博物館を十重二十重にも取り巻く行列を見て断念しました。

　そんな阿修羅像が、興福寺の国宝館に常設展示されていて、東京ほど並ばずゆっくり観覧できます。憂いを帯びたお顔も、「ホーム」にいるせいか心なしかおだやか。阿修羅像は奈良時代につくられた、国宝に指定されている高さ154cmほどの仏像で、名前は梵語（古代インド語）の「アスラ」の音が由来です。ペルシャ（イラン）などでは大地に恵みを与える太陽神、インドでは大地を干上がらせ、常にインドラ（帝釈天）と戦う悪の戦闘神、仏教では釈迦を守護する神とさまざまな顔を持っています。境内には、阿修羅像だけでなく、高さ50.1mの五重塔、2018年に再建落慶された中金堂などもあります。

# 春日大社
かすがたいしゃ

MAP
見どころ&その他
**3** [ P.7 ]

奈良市中心部

1,2.春日大社の境内には、およそ1000基もの釣燈籠がある。特別参拝初穂料を払えば、燈籠が並ぶ回廊を通り、年3回、3000基もの燈籠に明かりが灯される春日燈籠を再現した藤浪之屋も拝観可能。

## 》》 平城京を守るため創建された
## 国家の平和を祈念する社

　奈良時代の768年、称徳天皇の勅命により本殿が造営された春日大社。20年に一度、社殿を美しくする第60次式年造替が2016年から行われ、本殿の朱もあざやかによみがえりました。式年造替が60回を超えて実施されているのは、伊勢神宮と春日大社のみ。大変由緒ある神社です。

　毎年4月末から5月上旬頃には、「砂ずりの藤」と呼ばれる本殿前の藤棚をはじめ、境内各所、さらに万葉集に詠まれた植物が集まる萬葉植物園に植えられた20品種約200本の藤が咲き誇り、多くの人が集まります。小さな鹿が口におみくじをくわえているユニークな「鹿みくじ」も大人気。乙女心をくすぐるものがたくさんあるお社です。

📍奈良市春日野町160
0742-22-7788
www.kasugataisha.or.jp
本殿3〜10月6:30〜17:30、
11〜2月7:00〜17:00、
本殿特別参拝9:00〜16:00
（日程はホームページで確認を）、
国宝殿10:00〜17:00
（最終受付16:30）、
萬葉植物園9:00〜16:30
（最終受付16:00）、無休
特別参拝、国宝殿、萬葉植物園
各500円
JR奈良駅または近鉄奈良駅から
奈良交通バスの春日大社本殿
行きに乗り終点下車すぐ

3.春日大社の社紋は「下り藤」。境内の随所に藤が自生している。 4.毎年12月15〜18日には国指定重要無形民俗文化財「春日若宮おん祭」も開催される。

# 若草山
わかくさやま

MAP
見どころ&その他
④ [ P.7 ]

奈良市中心部

## 》》芝生が敷かれたなだらかな山。1月の山焼きはぜひ観覧を

奈良中心部のシンボル、高さ342mの若草山は、なんといっても毎年1月の第4土曜に行われる若草山焼き行事で有名。なにを隠そう、私が修学旅行以来、はじめて奈良に旅行しようという気になったのも、若草山焼きを見るためでした。直前には花火が上げられ、続いて山頂近くの芝生が焼かれる様子は迫力満点。奈良で一度は見てもらいたいもののひとつです。

春や秋などは、山頂までのハイキングもいいでしょう。山頂からは、東大寺や興福寺など奈良らしい景観を望めます。30〜40分ほどで到着しますが、結構な坂道なので、歩きやすい靴を履いていくことをおすすめします。

1.山頂からは奈良市内を一望できる。かなり勾配が急なので歩きやすい靴で訪れて。　2.若草山焼きは奈良に早春を告げる伝統行事。午後からはさまざまなステージイベントなどが開催される。　3.若草山の入山受付ゲート。冬季は若草山焼きの日をのぞき入山できないのでご注意を。

📍 0742-22-0375
www.pref.nara.jp/item/9270.htm#itemid9270
3月第3土曜〜12月第2日曜9:00〜17:00（臨時開山をのぞく）、
開山期間中は無休
入山料150円
JR奈良駅または近鉄奈良駅から奈良交通バスの
春日大社本殿行きに乗り終点下車、徒歩約5分

# 元興寺
がんごうじ

MAP
見どころ&その他
**5** [P.6]

奈良市中心部

## 》》 年に一度の地蔵会が楽しみなならまちの世界遺産

　このお寺がなかったら、ならまちも存在しなかったかもしれません。元興寺は、710年の藤原京から平城京への遷都にともない、法興寺（飛鳥寺）が元興寺と名称を変え、今の場所に移築されました。今は「ならまちのなかにあるお寺」ですが、創建から室町時代までは、現代のならまちエリアは元興寺の境内でした。宝徳3（1451）年の火事によって元興寺の金堂などが焼失し、その跡にならまちができたといいます。

　私にとって元興寺は、子どもの成長と家内安全を祈る万灯供養、地蔵会（え）のお寺。例年8月23、24日に行われます。境内の石仏や石塔に灯明皿が供えられ、灯された火が夕闇にゆらゆらと揺れる光景は厳粛で美しく、思わず手を合わせてしまいます。

1.ならまちのシンボル、元興寺。東門は、東大寺西南院四脚門が移建されたもの。2.国宝極楽堂（極楽坊本堂）と国宝禅室（極楽坊禅室）を含め、世界遺産に登録されている。3.地蔵会で供えられる灯明皿は、当日受付も可能（ひと口2000円）。

📍 奈良市中院町11　0742-23-1377　gangoji-tera.or.jp
9:00〜17:00（最終入門16:30）、無休
拝観料500円（秋季特別展期間中は600円）
近鉄奈良駅から徒歩約12分

## そのほかの お寺＆博物館など

東大寺や興福寺など有名なお寺のほかにも、奈良には訪れてほしいスポットがいっぱい。その一部をご紹介します。

# 平城宮跡歴史公園
へいじょうきゅうせきれきしこうえん

### ⫸⫸⫸ 建物の復元が進む平城宮跡の公園

復元された平城宮最大の宮殿、第一次大極殿。園内は非常に広いので歩きやすい靴で。

　710年から74年間続いた平城京の中心、平城宮跡につくられた公園。平城宮の正門である朱雀門、宴会などが行われた東院庭園、重要な儀式の場であった第一次大極殿が復元されているほか、2022年3月には第一次大極殿院南門（大極門）の復元も完成しました。公園内は非常に広く、園内でレンタサイクルができるほど。無料で平城京について学べる平城宮跡資料館もおすすめです。

📍奈良市二条大路南3-5-1
0742-36-8780（平城宮跡管理センター）　www.heijo-park.jp
第一次大極殿9:00〜16:30（最終入場16:00）、月曜（祝日の場合は開館、火曜休）・12月29日〜1月3日休　※その他施設により異なる
入場無料　近鉄大和西大寺駅から徒歩約20分

MAP
見どころ＆その他
**6** [ P.8 ]
奈良市

# 薬師寺
やくしじ

### ⫸⫸⫸ 薬師三尊像のおわす世界遺産

　天武天皇9（680）年、天武天皇の命により創建されたお寺。創建当初から唯一現存する国宝・東塔、本尊の国宝・薬師三尊像は必見。建物は大きくゆったりとした唐風のつくりで、仏教が大陸から伝来したことが偲べます。

📍奈良市西ノ京町457
0742-33-6001
yakushiji.or.jp
8:30〜17:00
（最終受付16:30）、
無休
拝観料1100円もしくは800円（時期により異なる）
近鉄西ノ京駅から徒歩約1分

MAP
見どころ＆その他
**7** [ P.8 ]
奈良市

# 唐招提寺
とうしょうだいじ

### ⫸⫸⫸ 唐の高僧、鑑真和上が創建

　律宗を伝えるため、5度の失敗を経て6度目に来日が叶った唐の僧侶、鑑真和上が、天平宝字3（759）年に私寺として創建。8世紀後半に金堂が完成し、堂内には国宝の本尊・廬舎那仏坐像、その両脇に薬師如来立像、千手観音菩薩立像が並んでいます。

📍奈良市五条町13-46
0742-33-7900
toshodaiji.jp
8:30〜17:00
（最終受付16:30）、
無休
拝観料1000円
近鉄西ノ京駅から徒歩約10分

MAP
見どころ＆その他
**8** [ P.8 ]
奈良市

薬師寺吉祥天女像をモデルにした一筆箋500円（左）、白雪友禅はんかち（右）など薬師寺のおみやげショップはオリジナル商品が豊富。

# 秋篠寺
あきしのでら

### 》》》 優美な伎芸天が人気

奈良時代末期、光仁天皇の勅願により建立されたと伝えられるお寺です。本堂には25体もの仏像が安置されていて、なかでもおだやかな表情をたたえた重要文化財指定の伎芸天は必見。芸事の神様です。春には本堂そばの木蓮が美しく咲き誇ります。

○ 奈良市秋篠町757
0742-45-4600
narashikanko.or.jp/
spot/temple/akishinodera/
9:30〜16:30、無休
拝観料500円
近鉄大和西大寺駅から奈良交通バスの
押熊・平城中山行きに乗り「秋篠寺」下車すぐ

MAP 見どころ＆その他
**9** [ P.8 ]
奈良市

# 奈良国立博物館
ならこくりつはくぶつかん

### 》》》 奈良の至宝が集まる

奈良の国宝はすべてここにあるのではないか……と思ってしまうほど膨大な収蔵品を誇る博物館。とくに混み合うのは毎年秋の正倉院展の時期ですが、年に4〜5回無料観覧日もあります。

○ 奈良市登大路町50
050-5542-8600
（ハローダイヤル）
www.narahaku.go.jp
9:30〜17:00（土曜20:00）（最終受付は閉館の30分前）、月曜・12月28日〜1月1日休
入館料700円
近鉄奈良駅から徒歩約15分

MAP 見どころ＆その他
**10** [ P.7 ]
奈良市中心部

# 入江泰吉記念奈良市写真美術館
いりえやすきちきねんならししゃしんびじゅつかん

### 》》》 奈良の風景を愛した写真家

土門拳が奈良の仏像を圧倒的な迫力で撮った写真家なら、入江泰吉は奈良の景色を情緒豊かに撮影した写真家です。「こんな風に大和路を撮れたらいいのに」と思う写真がたくさん展示されています。

○ 奈良市高畑町
600-1
0742-22-9811
naracmp.jp
9:30〜17:00（最終入館16:30）、月曜（祝日の場合は開館、次の平日休）・12月27日〜1月3日休
入館料500円
JR奈良駅または近鉄奈良駅から奈良交通バスの市内循環外回り（2系統）に乗り「破石町」下車、徒歩約8分

MAP 見どころ＆その他
**11** [ P.7 ]
奈良市中心部

# 松伯美術館
しょうはくびじゅつかん

### 》》》 上村松園の美人画を堪能

日本を代表する美人画の名手、上村松園。京都出身ですが、太平洋戦争を機に奈良に疎開、移住しました。上村松園と息子の松篁、孫の淳之の作品を展示するのがこちら。完成作品のほか、下絵や素描なども展示されています。

○ 奈良市
登美ヶ丘2-1-4
0742-41-6666
www.kintetsu-g-hd.co.jp/culture/shohaku/
10:00〜17:00（最終入館16:00）、月曜（祝日の場合は開館、次の平日休）・年末年始・展示替期間など休
入館料820円
近鉄学園前駅から奈良交通バスの大渕橋方面行きに乗り「大渕橋（松伯美術館前）」下車すぐ

MAP 見どころ＆その他
**12** [ P.8 ]
奈良市

# 志賀直哉旧居

しがなおやきゅうきょ

MAP
見どころ＆その他
13 [P.7]

奈良市中心部

約20畳の食堂。志賀直哉一家は、奈良に住んだ13年間のうち、昭和4〜13年の9年間をこの家で過ごした。

📍奈良市高畑町1237-2
0742-26-6490
www.naragakuen.jp/sgnoy/index.html
3〜11月9:30〜17:30、12〜2月9:30〜16:30、
12月28日〜1月5日休
入館料350円
JR奈良駅または近鉄奈良駅から奈良交通バスの市内循環
外回り（2系統）に乗り「破石町」下車、徒歩約8分

## ⟫⟫ 文豪・志賀直哉が自ら設計
## 家族への愛が伝わってくる家

　小説の神様・志賀直哉が昭和初期に自ら設計し、家族とともに住んだ家です。この家で代表作『暗夜行路』も執筆しました。洋風様式を取り入れた住居は、家族や来客の集まる食堂＆サンルーム、女性陣が仕事しやすい冷蔵庫完備の台所、風雨や防寒に配慮した子ども部屋など、家族を大切にしていたことが伝わるつくりです。

　実をいうと、志賀直哉のことを少しうらんでいました。「奈良にうまいものなし」といったのはこの人だからです。「奈良」という題名の随筆に「食ひものはうまい物のない所だ」と書いているのです。ですがわらび粉や豆腐のことはほめていますし、景色についてはほめちぎっています。なにより13年間も住んだことが、奈良を愛していたことを如実に物語っています。

1.北向き6畳の洋室は、日差しの変化が少ない落ち着いた空間。夏の間、書斎として使われていた。　2.夫人と子どもたちのお茶の稽古に使われていた茶室。　3.お風呂は角型の五右衛門風呂。復元工事でよみがえった。

# 今西家書院

いまにしけしょいん

MAP
見どころ&その他
14 [ P.6 ]
奈良市中心部

》》》 **重要文化財である書院造りの伝統建築でお茶を**

今西家書院は、興福寺にゆかりのある福智院氏の居宅を、清酒春鹿醸造元（P.43）の当主である今西家が大正13(1924)年に譲り受けた邸宅です。長らく今西家が大切に守り継いできましたが、1979年から一般公開がはじまりました。書院造りの日本建築は見事、のひと言。接客・謁見に使われていた「書院」の間のほか、舟底のような天井が特徴の式台つき玄関や、杉のへぎ板で網代編みされた茶室の天井など、見どころがいっぱいです。昭和25(1950)年には重要文化財の指定を受けています。

そして特筆すべきは、この邸宅の好きな場所でお茶やお菓子をいただけるということ。お庭を見ながら、また茶室で一服と、日常の喧噪を忘れほっとくつろげます。

1.自然栽培の大和茶に酒粕をあわせた香味豊かな酒香茶と干菓子のセット1100円（入館料込み）。 2．太い杉の折板で網代に編んだ天井。 3.躙口（にじりぐち）がなく、庭から出入りする茶室。 4.室町時代に建造された。国宝保存法のもと昭和12（1937）年、民家として初の国宝に指定され、文化財保護法の施行後、昭和25年に重要文化財となった。

📍 奈良市福智院町24-3
0742-23-2256
www.harushika.com/study/
10:30〜16:00（最終受付15:30）、
月〜水曜・夏季・冬季・貸切時休
入館料400円
近鉄奈良駅から徒歩約15分

# 奈良町にぎわいの家／ならまち格子の家

ならまちにぎわいのいえ／ならまちこうしのいえ

### 》》》江戸から明治の暮らしを偲ぶ
### 見学可能な奈良の町家

　町家というと京都を思い浮かべる人が多いかもしれませんが、奈良市内にも町家が多く残っています。その数はおよそ1000といわれていて、ならまち界隈でもたくさん見かけます。ただし実際に民家として使われていたり、お店として改装されていたりして、生活ぶりがうかがえる物件はそれほど多くありません。そんななかで、「奈良町にぎわいの家」と「ならまち格子の家」は、観光客が伝統の町家での生活様式に触れられる場所です。

　奈良町にぎわいの家は大正6 (1917) 年築の町家を公開。商いの場だった「みせの間」の真上には、部屋の天井が低い「厨子二階」があります。一方、ならまち格子の家は、江戸から明治時代にかけて建てられた伝統的な町家を細部まで忠実に再現し、1992年に建てられました。土間や中庭、箱階段など当時の暮らしを偲ばせる建築です。どちらも入場は無料。奈良町にぎわいの家ではアートツアー、短歌や着物講座などのイベントも実施されているので、ぜひ参加してみてください。

**奈良町にぎわいの家**
📍 奈良市中新屋町5
0742-20-1917
naramachi-nigiwainoie.jp
9:00～17:00、水曜休
（祝日の場合は開館）　入館無料
近鉄奈良駅から徒歩約13分

MAP
見どころ＆その他
**15** [P.6]
奈良市中心部

◎奈良町にぎわいの家

1.天井の高い土間に据えられたかまど、吹き抜け、庭など昔ながらの奈良の町家建築。
2.仏間の天井には、豪華絢爛な天井画が。
3.二十四節気をテーマにしたしつらえや、数々のイベントなどが行われている。

## ならまちと「庚申さん」

ならまちを歩いていると、町家の軒先に赤い人形がつるされているのが目に留まります。これは「身代わり申」という魔除けのおまじない人形。家に入る災いから守ってくれるといわれています。

そもそものいい伝えは――。60日または60年ごとにめぐってくる庚申の日に、人の身体から虫が抜け出し天帝（神様）にその人の悪事を告げに行くとか。その報告により寿命が決まるというので、

人々は庚申の日は徹夜で「庚申さん」（青面金剛像）を供養したそう。平安時代にはすでにその風習があり、『枕草子』にも出てきます。江戸時代には庚申塚や庚申堂が盛んにつくられ、ならまちにも、奈良町にぎわいの家の近くに庚申堂があります。

身代わり申は家族の人数分吊るすのがならわし。庚申堂そばの奈良町資料館で購入できます。

◎ならまち格子の家

主屋は三室一列型、通り庭、厨子二階、中庭、離れ、蔵で構成されたならまちの伝統的な町家を再現。

高さが低い屋根裏空間、厨子二階へと上がる箱階段。

間口はせまく、奥行きが深いのが奈良の町家の特徴。

### ならまち格子の家

📍 奈良市元興寺町44　0742-23-4820
www.city.nara.lg.jp/site/shisetsu/6242.html
9:00〜17:00、月曜（祝日の場合は開館）・
休日の翌日（土日曜および休日にあたる場合をのぞく）・
12月26日〜1月5日休　入館無料
近鉄奈良駅から徒歩約20分

MAP
見どころ＆その他
**16** [ P.6 ]

奈良市中心部

# 赤膚焼 大塩正史陶房
あかはだやきおおしおまさしとうぼう

MAP
見どころ&その他
**17** [P.6]

奈良市中心部

## 》》奈良伝統の赤膚焼づくりを
市内中心部で体験できる工房

　奈良に引っ越してはじめて、赤みを帯びた乳白色のやさしい陶器に、なんともいえないかわいらしい絵が描かれている赤膚焼を知りました。ぽってりとしたやわらかい手触りで、使っていくうちに手になじんでいく風合いが気に入り、少しずつ集めています。

　赤膚焼は奈良伝統の焼物で、大名茶人の小堀遠州が好んだ窯として知られています。郡山城主だった豊臣秀吉の弟・豊臣秀長が、天正13（1585）年に当時の五条村赤膚山に開窯を命じました。茶道具をつくらせるためだったといいます。

　赤膚焼の窯元は、現在、奈良市赤膚町や大和郡山市などに5、6か所残っていますが、大塩正史陶房は、なんと近鉄奈良駅からすぐの町中にあります。大塩正史さんは、赤膚

焼の陶芸家として続く8代目大塩正人の三男として生まれました。正史さんの兄が、赤膚町で9代目を継いでいます。「赤膚焼のいちばんの特徴は土です。実家が所有している赤膚山でとれる3種類の土を混ぜ、つぶし、濾して、3年ねかせて陶土をつくるんです。うちのご先祖さまがいい山を拠点にしてくれたおかげで、今もいい土をつくれています」と正史さん。

　20年以上前に近所の人に請われて、赤膚焼の教室をスタート。現在は約2時間の体験教室（要予約）も行っていて、人気を呼んでいます。ひとりでも申し込み可能。「作品にはつくる人の心があらわれる」と語る正史さんが、自らの作品にも使っている陶土を提供していねいに指導してくれます。

陶房内では正史さんの作品の購入も可能。小皿3000円、ぐい呑み4000円など手頃なものから、数十万円ほどの茶道具もある。

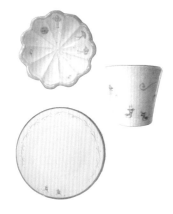

奈良の風景や鹿などが描かれることが多い赤膚焼。

奈良芸術短期大学で陶芸を学
んだ正史さん。「窯元の息子や
のになんもできひんやないか、
と教授にいわれたことが悔しく
て、帰宅後も実家のろくろを
使って必死で練習しました」と
笑う。

体験教室の空き状況はホームページから確認できる。予約もOK。

📍 奈良市高天町38-7 Flamingo2F
0742-23-8000
nara-japan.wixsite.com/
akahadayaki-masashi
体験教室3000円
（土、釉薬、焼成代込み）
近鉄奈良駅から徒歩約1分

陶芸体験は手びねりでろくろを使用。所要2時間ほど。作品は窯で焼いた後、自宅に送ってくれる。

# 金魚ミュージアム
きんぎょミュージアム

MAP
見どころ＆その他
**18** [ P.8 ]

奈良市

フラワーテラリウムのなかを金魚が泳ぐ。

## ⟫ 奈良名産の金魚とアートを満喫 写真映え必至のスポット

　実は奈良は、全国でも有数の金魚の産地。もっとも有名なのは大和郡山市で、キャッチフレーズは「平和のシンボル、金魚が泳ぐ城下町」。年間約6000万匹を生産しています。そんな奈良に2018年4月、全国ではじめて金魚ミュージアムが誕生し、2021年4月には敷地面積を2倍に増やして全面リニューアルしました。

　館内に一歩足を踏み入れると、ここは最先端のクラブ？ それともブティックホテル？ と錯覚してしまうような空間。プロジェクションマッピングなどのアート作品のなかに、さまざまな種類の金魚たちが泳いでいます。トリックアートなどもあり、写真をたくさん撮りたくなること間違いなしのスポットです。

📍奈良市二条大路南1-3-1 ミ・ナーラ4F
080-4689-2142
kingyomuseum.com
10:00〜18:00（最終受付17:30）、無休
入館料1200円
JR奈良駅（西口）、近鉄奈良駅、
近鉄新大宮駅から無料シャトルバスが運行
（時刻表などはホームページから確認を）

1.生きた金魚を美しく展示しているアクアリウムゾーン「AQUA OASIS」。
2.プロジェクションマッピングや鏡を使った7つの空間は、アーティストがプロデュース。　3.妖艶な雰囲気が漂う江戸の街並みを再現したJAPONE小路。

# 活版工房 丹
かっぱんこうぼうたん

MAP
ショップ
**1** [P.6]
奈良市中心部

》》 正倉院の宝物をモチーフにした活版印刷製品

　奈良の印刷会社が活版印刷で刷った、オリジナルの紙製品が手に入ります。店名の「丹」は、「赤い土」や「赤い顔料」という意味。春日神社や興福寺の中金堂など、古代の奈良では丹色（にいろ）がふんだんに使われていたことから、この店名がつきました。

　店内には、正倉院に残る宝物の模様や、奈良の伝統行事、古墳、社寺をデザインした紙製品が豊富にそろいます。ぽこぽことした活版印刷の風合いも素敵で、一筆箋、コースター、絵葉書……と全部集めたくなってしまいます。毎年秋に奈良国立博物館で開催される正倉院展に合わせて、新柄も出るので要チェック。2階に展示してある鹿や桜をモチーフにした切り絵のポップアップカードもぜひ。

2

4

📍奈良市東向北町6
0742-93-7721
akainara.net
10:00～18:00、無休
近鉄奈良駅から徒歩約1分

1.鹿モチーフのコースター各495円。飾って楽しむのもいい。2.鹿のイラスト入り小物入れ。ピアスや指輪などアクセサリー入れにぴったり。3.鹿などをモチーフにしたポップアップカードは1点880円。4.活版はがき330円は、正倉院展にあわせて毎年新しいデザインが出る。

路地に佇む新たなランドマーク

# 鹿猿狐ビルヂングへ

## SHIKA SARU KITSUNE BUILDING

約300年前、奈良での商いからはじまった中川政七商店。
2021年春、創業の地に、中川政七商店の「鹿」、猿田彦
珈琲の「猿」、すき焼きレストラン・㐂つねの「狐」などが
集う鹿猿狐ビルヂングがオープンしました。

**鹿猿狐ビルヂング**
📍 奈良市元林院町22
nakagawa-masashichi.jp/
shikasarukitsune
近鉄奈良駅から徒歩約7分

MAP
見どころ&その他
**19** [ P.6 ]
奈良市中心部

# 中川政七商店 奈良本店
なかがわまさしちしょうてんならほんてん

MAP
ショップ
**2**
奈良市中心部

## 〉〉〉奈良のいいものがそろう中川政七商店の旗艦店

　中川政七商店抜きに、奈良での買いもの
を語ることはできません。

　享保元（1716）年創業。奈良晒の商いか
らスタートし、明治期には皇室御用達の汗
取りを開発。大正時代に廃業寸前に追い込
まれたり、戦後は生産拠点を韓国や中国に
移したりとさまざまな紆余曲折があったなか、
ターニングポイントになったのは、1985年
に麻小物の販売店「遊 中川」を開店したこ
とでしょう。私も東京在住時代に百貨店で
「遊 中川」に出会い、おみやげやおつかいも
のを購入するためによく訪れました。

　2007年には「日本の工芸を元気にす
る！」というビジョンを掲げ、2010年には会

蚊帳に使われる目の粗いかや織を、
三枚重ねで縫い合わせたかや織掛
けふきん550円。

1.ハンカチを購入すると、イニシャルや平仮名での名入れやワンポイントの刺繍を入れることができる。イニシャル440円〜、限定モチーフ550円。
2.奈良本店でしか購入できない鹿柄の缶入り「奈良の珈琲」1728円。 3.ほのかな香りで、玄関などせまい場所にぴったりな「牛乳瓶に入った芳香剤」1100円。 4.フラッグシップストアだけあり品ぞろえも豊富。奈良のいいモノがたくさん並ぶ。

社名を冠したブランド「中川政七商店」を発表。鹿猿狐ビルヂングにある本店には、かや織ふきん、靴下などの奈良の工芸品や、奈良一刀彫など奈良の伝統工芸品、奈良在住の作家ものなどおしゃれで使い勝手のいい商品がそろっています。自分だけの麻小物をあつらえることができる「おあつらえ処」というカウンターも。奈良を楽しむための本が並ぶライブラリコーナーもあり、ついつい長居してしまいます。

0742-25-2188
www.nakagawa-masashichi.jp/shop/
pages/shikasarukitsune-feature.aspx
10:00〜19:00、無休

にじみやゆがみなどの風合いがおもしろい、子ども用の「裏表がない注染Tシャツ」。

# 茶論
さろん

MAP
飲食店
1
奈良市中心部

1.季節の主菓子と飲物セット。お菓子は奈良の老舗和菓子店「萬御菓子誂處 樫舎（かしや）」製。 2.茶論で使われている抹茶2700円〜も購入できる。

## 》茶道を気軽に体験できるお抹茶と和菓子のお店

中川政七商店の中川家が代々暮らしてきた邸宅を改装してつくられたお店。「以茶論美（茶を以て美を論ず）」をコンセプトに、濃茶、薄茶などお抹茶や季節の和菓子を提供しています。

お抹茶というと「苦いし、お作法が面倒」と思う人もいるかもしれませんが、茶論のお茶はふんわりと泡立てられていて、まろやかな甘みを感じます。また「お作法は気にせずおいしく飲んでください」とのこと。どうしてもお抹茶が苦手という人は焙じ茶や煎茶もあるのでご安心を。夏季限定の白いかき氷もおすすめです。旅行者も気軽に参加できる茶道のお稽古も開催されているのでホームページで確認を。

屏風は江戸時代後期の画家、内藤其淵（きえん）の手によるもの。内藤其淵は鹿の名手として知られている。

📍 0742-93-8833
salon-tea.jp
10:00〜19:00（L.O.18:30）、不定休

# 猿田彦珈琲
さるたひここーひー

## 》》》恵比寿の人気コーヒー店が奈良に

東京・恵比寿のスペシャルティコーヒー店が、鹿猿狐ビルヂングの「猿」担当として奈良にやってきました。コーヒー豆にストレスを与えることなく抽出できるオリジナルドリッパー「ドリッペン」で淹れられたコーヒーは薫り高くコクのある味わい。ならまちの街並みにインスパイアされ、「小道を探検するわくわく感」を表現したという「ならまちブレンド」は奈良店限定です。

📍 0742-25-2585
sarutahiko.co
9:00〜19:00（L.O.18:30）、無休

1.猿田彦珈琲が入店する鹿猿狐ビルヂングでは、鹿、猿、狐のオブジェが出迎えてくれる。　2.店内用コーヒーは、取っ手部分が大きく持ちやすいマグで提供。　3.奈良店限定の「ならまちブレンド」はドリップバッグ5P入り1000円。

# 㐂つね
きつね

## 》》》1ツ星店によるすき焼きを

『ミシュランガイド東京2020』で3年連続1ツ星掲載店、東京・代々木上原にある「sio」がプロデュースするすき焼きレストラン。私のおすすめは、奈良県産大豆を使った大きなお揚げがのった「きつねのすき焼き重」。こちら、なんとごはんが酢飯なのです。甘じょっぱいお肉とお揚げにさっぱりとした酢飯が絶妙にマッチしていて、ボリュームたっぷりなのにぺろりと食べられてしまいます。

1.サラダ、味噌汁、香の物、アイスがついたいちばん人気のきつねのすき焼き重2750円。　2.店内は落ち着いた雰囲気。ランチですき焼きコースを注文する人も多い。

📍 0742-27-5023
www.nakagawa-masashichi.jp/shop/pages/
shikasarukitsune.aspx
11:00〜15:00（L.O.14:00）、17:00〜21:00
（単品注文の場合L.O.20:00、コース注文の場合L.O.19:00）、
無休

# 奈良御菓子製造所 ocasi
ならおかしせいぞうしょオカシ

MAP
ショップ
**3** [ P.6 ]

奈良市中心部

## 》》 意外な3つをペアリングで

中川政七商店が、sio（P.33）のオーナーシェフ、鳥羽周作さんとともにプロデュースしたお店で2022年10月にオープン。水菓子（果物ジャム）、和菓子（どら焼き）、洋菓子（チーズケーキ）の3つをペアリングで楽しめます。チーズケーキやどらやきにジャムをのせると、はっとする味の変化に驚くはず。イートインも可能です。

1.どら焼き、チーズケーキ、ジャムとすべてを堪能できるミックスプレート935円。 2.ロゴや紙袋は、大和橘の葉をモチーフにしたデザイン。

📍奈良市元林院町5
0742-22-7272　ocasi.jp
10:00～18:00、不定休
近鉄奈良駅から徒歩約7分

# 中川政七商店 分店 土産 奈良三条店
なかがわまさしちしょうてんぶんてんみやげならさんじょうてん

MAP
ショップ
**4** [ P.6 ]

奈良市中心部

## 》》 オリジナル＆限定商品が豊富

奈良に観光で来たら必ず（何度も）歩くことになる三条通りに、中川政七商店のみやげもの特化型ショップが2022年7月にオープン。「ここにシカない奈良の手仕事との出会い」というコンセプト通り、マグネットや注染手拭い、かや織ふきん、おみくじなどの限定商品がそろいます。その数なんと約1300点！ 「鹿」をモチーフにした愛らしいものもたくさんあります。

1.奈良の木を使用した鹿型のマグネット770円。こちらの土産店限定品。 2.奈良伝統の注染で染めたてぬぐい生地のバッグ1320円。 3.店内にはたくさんのアイテムが。中川政七商店初のテイクアウトスイーツ「しかじか アイスもなか」450円も販売。

📍奈良市角振新屋町1-1
ファインフラッツ奈良町三条1F
0742-23-5650
www.nakagawa-masashichi.jp/
staffblog/store/s166115/
10:00～19:00、無休
近鉄奈良駅から徒歩約3分

# coto mono
コトモノ

》》》 **文房具愛が詰まったお店。オリジナルアイテムもそろう**

ならまちの通りに面したとある長屋の格子戸を開けると、ショップやカフェが連なっています。coto monoはそんな長屋にある文房具店。子どもの頃から文房具好きで、文具メーカーのデザイナーだったオーナーの東岡さんが2016年に開きました。

靴を脱いでお店に入ると、なんとなく懐かしさを感じるかわいい文房具が所狭しと並んでいます。注目は、大仏や鹿をモチーフにしたオリジナル文房具の「ならうふふ文具」。東岡さんがデザインしたもので、「持っていると、うふふとうれしくなるような文具を目指しています」といいます。確かにここで買った文房具を使っていると、「どこで買ったの？」と聞かれる率が高い！自分で「うふふ」と思うために買うのもいいし、奈良みやげにもぴったりです。

1.店内には鹿柄のスリッパに履き替えて入る。かわいい文具でいっぱい！ 2.絶対なくしたくない大仏クリップ605円。 3.大仏と鹿のイラスト入りハガキ165円。 4.愛らしい大仏や鹿のメッセージカード各198円。

📍 奈良市公納堂町6 西2
0742-81-9944
coto-mono.wixsite.com/
cotomono
11:00 (土日曜・祝日10:00)
～18:00、火曜休 (不定休あり)
近鉄奈良駅から徒歩約15分

# 幡・INOUE

ばん・イノウエ

MAP
ショップ
6 [P.7]

奈良市中心部

## ≫ 蚊帳や麻を使ったおしゃれなグッズが並ぶ

　創業者は奈良に撮影拠点を構えていた写真家、井上博道氏と千鶴夫妻。奈良の工芸品や染織品を日本中に発信したいとはじめたのが井上企画・幡です。直営店は3軒あり、2008年にオープンした東大寺店では、奈良みやげにぴったりな鹿をモチーフにしたグッズやかわいい色の台ふきがたくさんそろいます。現社長が自分の子どものために手づくりではじめたという蚊帳生地の洋服や、ショールなどの小物もおすすめ。とてもカラフルで、洗えば洗うほど肌になじむやさしい風合いになります。

　店内にはカフェスペースもあり、ランチやお茶のほか、夏季にはかき氷も楽しめます。

1.おみやげにも人気の蚊帳お台ふきは1枚715円。 2.綿100％の蚊帳生地でつくった、軽やかなショールは2200円〜。 3.振り向いた鹿がかわいらしい、手織り麻のしおり242円は表裏で色違い。4.奈良の野菜をたっぷり使った季節替わりの「からだ想いランチ」1300円。

5.蚊帳お台ふきは、丁子、つるばみ、柿など20色以上がそろう。6.鹿のシルエットがかわいい御朱印帳2200円。

📍奈良市春日野町16
0742-27-1010　www.asa-ban.com
10:00～18:00、カフェ11:30～16:30（L.O.16:00）
（土日曜・祝日17:00、L.O.16:30）、木曜休
※営業時間は季節や天候によって変更あり
JR奈良駅または近鉄奈良駅から奈良交通バスの
市内循環外回り(2系統)に乗り「氷室神社・
国立博物館」下車、徒歩約1分

## 井上企画・幡と写真家・井上博道

　井上企画・幡の創設者、井上博道氏は兵庫県生まれの写真家です。産経新聞大阪本社の写真部で活躍した後、フリーになり奈良に移り住みました。奈良の古寺、大仏や大和路の美しい風景を撮影し続け、その数はフィルム数だけで5万点以上におよびます。

　井上博道の作品は幡・INOUEの直営店でも見られますが、2022年6月には奈良市中登美ヶ丘に、井上博道記念館がオープン。約17万点の写真から、奈良の魅力が伝わる作品が展示されています。

**井上博道記念館**

www.asa-ban.com/him/

MAP
見どころ&その他
**20** [ P.8 ]
奈良市

# 藤田芸香亭
ふじたうんこうてい

MAP ショップ **7** [ P.6 ]

奈良市中心部

》》》**女性店主のセンスが光る和紙と和紙小物のお店**

　大人になってはじめて奈良に遊びに訪れた10年前から、ならまち界隈に来ると必ず立ち寄る和紙と和紙小物のお店です。店主の藤田さんが京都から奈良に嫁いできた昭和49（1974）年に、美術工芸品と和紙、貸し画廊のお店としてオープン。吹き抜けの店内、イサムノグチの灯り、和紙貼りの壁と、和モダンな店内はとてもおしゃれです。

　藤田さんが「私の琴線に触れるものしかおいていない」という商品はどれも素敵で、紙好き、文房具好きにはぐっと来る品ぞろえ。ここでしか手に入らない芸香亭オリジナルの一筆箋は、ならまちの芸妓さんも買いに来るとか。一見、ちょっと入りづらそうに感じる店構えなのですが、勇気を出してぜひ店内へ！　きっとお気に入りが見つかります。

1.藤田芸香亭オリジナルの油取り紙270円。こちらはお店の外観のイラスト入り。　2.猫のイラスト入りお香や、アクセサリーなども販売。　3.店主のセンスのよさがうかがえるおしゃれでシックな店内。　4.猿沢池や鹿、身代わり申などが描かれた藤田芸香亭オリジナルの一筆箋400円。

📍奈良市光明院町12
0742-22-2082
unkoutei.com
11:00〜18:00、木曜休（不定休あり）
近鉄奈良駅から徒歩約8分

# canata conata
カナタコナタ

MAP ショップ
8 [P.6]

奈良市中心部

》》》 **火を灯すのがもったいない！？**
**かわいい鹿のキャンドルたち**

　奈良もちいどのセンター街を一筋入ると、窓辺に愛らしい鹿のキャンドルが飾られたお店があります。「鹿愛は誰にも負けない……のですが、小さい時から噛みつかれたり蹴られたり、鹿に襲われてばかりです」と苦笑するのはオーナーの小林さん。もともとこの場所でカフェを営んでいましたが、ものづくりと鹿への愛が募り、2009年にキャンドル店としてオープン。小林さんが手づくりした、さまざまな形の鹿キャンドルが並びます。

　とにかくかわいいので、火を灯すのがはばかれるほど。私は部屋に飾って楽しんでいますが、「もし飽きたら、花火をする時にでも使ってください」とのこと。ユーモアあふれる小林さんとのおしゃべりも楽しいお店です。

1

2

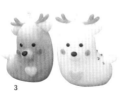

3

4

1.子どもの頃から奈良公園で鹿と遊んでいた小林さんの観察力が光る鹿のキャンドル。
2.基本的に型をつくって製作するが、大きなキャンドルは手ごねしているそう。 3.「くつろぎ鹿」キャンドルは各600円。 4.鹿のほか小鳥や干支にちなんだ動物などのキャンドルもあり、品ぞろえが豊富。

📍 奈良市元林院町35
0742-24-8178
canataconata.jimdofree.com
11:00～17:00、月火曜休
（祝日の場合は営業）
近鉄奈良駅から徒歩約6分

# 吉田蚊帳

よしだかちょう

MAP
ショップ
9 [P.6]

奈良市中心部

>>> 色とりどりのならまちふきんほか
タオル、のれんなどがそろう

　麻を用いた上布である奈良晒が、江戸時代に幕府の御用達品として認定されて以来、奈良は昭和中期まで蚊帳の一大産地でした。ところが蚊帳が使われなくなり、生産量も激減。そんななかで蚊帳生地の製織技術をいかして生まれたのがならまちふきんでした。

　吉田蚊帳では、大正10（1921）年からミシンで蚊帳を製造。今ではならまちふきんのほか、タオルやのれん、テーブルクロスなどさまざまな商品を展開しています。ならまちふきんは麻でできているため丈夫ですぐ乾き、値段も手頃。私は汚れが目立たない濃い色のものを自宅用、かわいい色をお使いものとして愛用しています。

1.色とりどりのならまちふきんは各460円、本麻タオルは各1650円。　2.ふきんのほか、ランチョンマット1540円やテーブルクロス5940円もそろう。3.「蚊帳のれん　本麻無地染め」は8250円と9900円の2種類がラインナップ。4.店舗は幕末に建てられた蔵を利用。明治時代に建設された母屋とともに、登録有形文化財に登録されている。

📍奈良市芝新屋町1
0742-23-3381
naramachi.com
9:30〜18:00、月曜休
近鉄奈良駅から徒歩約13分

# cojica books
コジカブックス

>>> 5組の本屋がともに運営。特徴的な品ぞろえが楽しい！

「もし経済的になんの憂いもなかったら、本当にやりたいのは本屋兼ひとり出版社兼編み物カフェ」と夢想する私が、来るたびに心を震わせるのが元興寺前にあるcojica booksです。cojica books は5組の本屋による協働書店で、イタリア絵本、生き方・働き方、地方創生、生活・芸術・人文などそれぞれ特色ある品ぞろえ。時間が経つのも忘れて、ずっと本棚を見つめてしまいます。日替わりで店番をしているのも5つの本屋の店主なので、本の内容にくわしいのはもちろん、会話をしながらおすすめの本を紹介してくれることもあり、ついつい話がはずみます。

1.人文・芸術、生き方・働き方、イタリア語の絵本など、それぞれの店主の個性があらわれた本棚。 2.新刊書や古書のほか、リトルプレス、ZINEの取り扱いも。 3.5組のうちのひとつ、本屋「itoito」はオリジナル雑貨も販売。

**♀** 奈良市鵲町6-12 美々風1F
twitter.com/cojicabooks
11:00〜16:00、不定休
※営業時間は季節により変動するため
SNSで確認を
近鉄奈良駅から徒歩約13分

# 砂糖傳増尾商店本店

さとうでんますおしょうてんほんてん

MAP
ショップ
**11** [ P.6 ]

奈良市中心部

>>> 「奈良こんふぇいと」が人気。安政元年創業の老舗砂糖店

安政元（1854）年創業の老舗。もともと大和茶の卸店でしたが、「堺まで大和茶を運んだ船が空で帰るのはもったいない」と、貴重品だった沖縄（当時の琉球）の黒糖や阿波の和三盆を積んで帰り、商うようになりました。

いちばんのおすすめは人工甘味料、防腐剤、漂白剤などが一切含まれていない御門米飴。おみやげには、鹿など奈良にちなんだ柄の箱が選べる「奈良こんふぇいと」が人気です。柿の葉味、大和ほうじ茶味などここにしかない味もたくさん。奈良の和洋菓子店に卸しているという職人御用達の和三盆やきび糖も購入できます。

1.奈良こんふぇいと40g540円を買うと、好きな柄の箱を選ぶことができる。 2.お米を麦芽で糖化した飴、御門米飴。 3.和洋菓子店などでプロが使っている質のいい砂糖も購入できる。

奈良市元興寺町10
0742-26-2307
www.satouden.com
9:00～18:00、年末年始休
近鉄奈良駅から徒歩約20分

# 春鹿酒蔵ショップ
はるしかさかぐらショップ

MAP ショップ **12** [P.6]

奈良市中心部

》》》 500円で5種類試飲。春鹿の利き酒ができる直営店

奈良の地酒といえば春鹿。「春の鹿」ってかわいいネーミングだな、と思っていたら、「春日神鹿（春日と神の使いとされる鹿）」が名前の由来とのこと。醸造元の今西清兵衛商店は明治17（1884）年からならまちで酒づくりを続けていて、季節限定品などを含め50種類以上のお酒を製造しています。

そんな春鹿のお酒を利き酒できるのがここ。

なんとたったの500円で5種類のお酒を試飲でき、奈良漬けの試食までついてきます。底に鹿があしらわれたオリジナルの利き酒用のおちょこが気に入ったら、330円で購入も可能。店員さんの説明がていねいで、利き酒後は四合瓶を何本か買いたくなること必至です。荷物が重くなるので、ならまち観光の最後に立ち寄ることをおすすめします。

1.春鹿のお酒は、日本で販売されているだけでなく世界十数か国に輸出されている。 2.ショップは酒蔵に併設されている。気に入ったお酒は購入可能。 3.利き酒用のガラスのおちょこ。 4.利き酒の代金や内容は変更の予定あり。訪問前にホームページで確認を。

📍 奈良市福智院町24-1　0742-23-2255
www.harushika.com
10:00〜17:00（最終受付16:30）、
お盆・年末年始・酒蔵まつり開催時（9月）など休
近鉄奈良駅から徒歩約15分

# ならまちパン工房okage
ならまちパンこうぼうオカゲ

MAP
ショップ
**13** [ P.6 ]
奈良市中心部

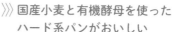

1

2

3

### 》》 国産小麦と有機酵母を使った ハード系パンがおいしい

　奈良に住みはじめた頃、唯一不満だったのは私が好きなハード系のパンが手に入りづらかったこと。でも、最近ではハード系のパンがおいしいベーカリーが増えてきました。

　こちらの店主、芝村さんは「奈良でおいしいパンの店を出したい」という熱い思いから、神戸や茨城でパンづくりを学び、2021年5月、実家がある奈良市にこのお店をオープン。「毎日食べるものだからこそ、身体がよろこぶパンを届けたい」と材料を吟味、厳選しています。オーガニック全粒粉や奈良県産全粒粉を含む国産小麦、有機酵母で育てたパンは、皮はしっかりかたく、なかはもっちもちの食感。バターをつけただけでごちそうになります。

📍 奈良市杉ヶ町14-1
第1西田ビル107号室
www.narapan-okage.com
10:00〜売り切れ次第終了、
木金曜・月末の月曜休
JR奈良駅から徒歩約6分

1.食物繊維を含む全粒粉を使用。北海道産ほか、奈良県天理市産の小麦を10％ほど使っている。　2.秋の2週間〜1ヶ月ほどの期間限定で販売される大人気のパン、奈良の栗360円。奈良産の栗がごろごろ入っている。ひとり2本限定。　3.有機蜂蜜を使ったほの甘いゴルゴンゾーラとくるみのパン320円。

芝村さんとパートナーのもえちゃん。午後2時頃に売り切れてしまうこともあるので、開店直後がおすすめ。

# カナカナ

MAP
飲食店
4 [P.6]

奈良市中心部

>>> **絶品プリンが食べられる
居心地のいい古民家カフェ**

　ならまちの古民家カフェの先駆け的なお店です。奈良出身の友人は、「20年くらい前まで、ならまちは住宅街でお店はほとんどなかった」といいます。そんな約20年前、2001年にオープンしたのがカナカナ。オーナーの植嶋さんによると、「当時は春鹿さんと古本屋さんしかなかった」そうですが、居心地のよさと、おいしいメニューの数々でたちまち人気カフェになりました。

　開店中は売り切れない限りいつでも食べられる定食「カナカナごはん」が人気ですが、私のいちおしはプリン。毎回「これ、どうやってつくってるの⁉」と思うほどおいしいのですが、「特別なものは入っていません。大切なのは火入れの加減です」とのこと。京都に引っ越してからも、このプリン食べたさに月いちで通っています。

1

2

3

1.焼きプリン440円はしっかりかためでありながら、口に入れるともちもち、ふるふるの食感。 2.予約はできないので、ランチなら11時の開店直後、カフェ利用は午後4時頃がねらい目。 3.BOLIK COFFEE（P.46）は姉妹店。どちらのお店でもロシアや東欧の雑貨を販売している。

📍奈良市公納堂13
0742-22-3214
kanakana.info
11:00～19:00、月曜休（祝日の場合は営業、火曜休）
近鉄奈良駅から徒歩15分

# BOLIK COFFEE
ボリクコーヒー

北欧の純喫茶の雰囲気を出すため、テーブルはInstagramで見つけた家具作家に特注したそう。

≫ 自家焙煎コーヒーを楽しめる
ギャラリー併設のカフェ

　ならまちの古民家カフェ、カナカナ（P.45）の姉妹店。コーヒー豆の焙煎をしたかった植嶋さんと、雑貨とギャラリーのあるカフェをつくりたかった妻の美保さんが2011年にオープン。2016年に、現在の場所に移転しました。

　シンプル＆モダンな店内は「北欧の純喫茶」をイメージ。ギャラリーコーナーには、美保さんが世界をめぐって集めたかわいい雑貨や、お気に入りの作家の作品が展示販売されています。ロシアに40回以上通いつめ、ロシア関連の著書も出している美保さんとのおしゃべりもとっても楽しい。自家焙煎のコーヒーとおいしいお菓子を食べながら、午後のひと時をゆっくり過ごせるカフェです。

1.「ギャラリーや雑貨を見るだけでもよいので気軽にいらしてください」と美保さん。　2.メニューはドリンクと焼き菓子メイン。キャロットケーキ440円、自家焙煎のコーヒー495円。

📍 奈良市西新屋町40-1
0742-87-1310
kanakana.info/about-bolik
12:30〜18:00（L.O.17:30）、
月火曜休
近鉄奈良駅から徒歩13分

# Cafe TANNE
カフェタンネ

>>> 旬の野菜を味わえる
モーニングが評判のお店

　大学時代に熱中したスキーが縁で、信州の戸隠に17年間住んだ女性オーナーの松尾さんが、生まれ育った奈良にカフェをオープンしました。「戸隠で食べていた旬の野菜が本当においしくて。奈良の人にも野菜のおいしさを知ってもらいたいと思ったんです」といい、奈良でとれた季節の野菜や果物、穀物を使った料理とお菓子を手づくりしています。

　朝は8時から営業しているのもうれしい。日替わりのモーニングでも、野菜がたっぷり食べられます。バターが香るふわふわのトーストと、大きめのカップに淹れてくれるコーヒーもおいしくて、ここで朝ごはんを食べるといい1日になりそうな気がします。

1.「好きなものを集めました」と松尾さんが語る居心地のいい店内。　2.朝8時から10時半まで提供されているモーニングのトーストセットは、コーヒーがついて800円。同じ値段でごはんセットもある。ランチは午前11時から午後5時まで。

📍奈良市下御門町36
0742-93-3719
cafetanne.com
8:00〜18:30（L.O.18:00）、木曜休
近鉄奈良駅から徒歩10分

3.コーヒーと一緒に味わいたい手づくりスイーツは、紅玉林檎の焼きたてパイや、栗と木の実の生キャラメルタルトなど各550円〜。　4.人気店のため、とくにランチは予約がおすすめ。

# 絶品かき氷を奈良で味わう

## あすかルビーのいちごミルク氷
550円

MAP 飲食店 7 [P.6] 奈良市中心部

奈良県産いちご「あすかルビー」のいちごミルクシロップとフリーズドライのトッピング。

### ふわっふわのかき氷をいつでも

「おちゃのこ」という名前の通り、もともとはお茶の専門店。雑穀や豆、緑茶などを乾燥して粉末にした「擂茶(れいちゃ)」のかき氷をきっかけに、さまざまなかき氷を提供するようになりました。極薄になるよう調整している機械で削られたふわっふわのかき氷は私のいちおし。予約はできませんが、お昼過ぎの12時半から午後1時頃に行くとそれほど待たずに入れることが多いです。

### おちゃのこ

📍 奈良市小西町35-2 コトモール1F
0742-24-2580
twitter.com/ochanoko
11:00〜18:00、1・2・4・6・8・10・11月の第3水曜・1月1・2日休
近鉄奈良駅から徒歩約3分

## 抹茶白玉あずき
920円

MAP 飲食店 8 [P.6] 奈良市中心部

濃厚な抹茶味のシロップとあずき、白玉が見事にマッチ。

### 和菓子の技をいかしたかき氷

ならまちで明治30(1897)年からサツマイモをかたどった銘菓「さつま焼」を製造している老舗和菓子店。6年前、2階に茶房をオープンした際に、「奈良の町をかき氷で盛り上げよう」とかき氷を提供しはじめました。抹茶白玉あずき、黒蜜きなこわらび餅など和菓子の技をいかしてつくったかき氷を味わえます。いちじくや巨峰など、季節の果物を使った期間限定メニューも人気。

### 御菓子司 春日庵
おかしつかさ かすがあん

📍 奈良市中新屋町29
0742-22-6483
kasuga-an.co.jp
11:00〜18:00(L.O.17:00)、第2・4水曜・木曜休
近鉄奈良駅から徒歩約11分

氷の神様をまつった氷室神社があり、「かき氷の聖地」として知られる奈良。
たくさんのお店のなかから、とっておきの5軒を紹介します。

## ❖ パインとキウイのヨーグルトかきごおり
1200円

MAP
飲食店
9 [ P.6 ]
奈良市中心部

ヨーグルトクリームがかかったかき氷のなかに、パイナップルとキウイがたっぷり。

### 写真映えも味も抜群のかき氷

Instagramのフォロワー3.2万人を誇るかき氷専門店。このお店のおかげで、かき氷が奈良名物になったといっても過言ではありません。季節の果物、濃厚なヨーグルトクリームなど趣向を凝らした具材がのったかき氷は、バフェの趣です。見た目も味も群を抜いていて、初夏から秋にかけては一日中混み合います。必ずネットから予約を。

### kakigori ほうせき箱
カキゴオリほうせきばこ

📍 奈良市餅飯殿町47
www.instagram.com/housekibaco/
※予約は右記サイトから airrsv.net/
housekibaco-sousuke/calendar
10:00〜12:50、14:00〜17:00
（土日曜17:30）、木曜休
近鉄奈良駅から徒歩約7分

## ❖ ポモドーロ・アランチャ・キャラメラート・ショコラ
1000円

MAP
飲食店
10 [ P.6 ]

奈良市中心部

かくし味にりんごを使ったトマトシロップとチョコレートが絶妙。

### 野菜のシロップを使った「ベジ氷」

猿沢池近くにあるイタリアンレストランで、4〜11月限定でトマトやじゃがいもなど自家製有機野菜のシロップをかけたかき氷「ベジ氷」が食べられます。実はひと口目はこわごわ……だったのですが、食べてびっくり！ トマトとオレンジ、かくし味のりんごが混然一体となったシロップはきちんと甘く、おいしいかき氷を味わえます。

### 奈良イタリアン Bambuno
ならイタリアンバンブーノ

📍 奈良市今御門町22　0742-27-0072
www.naraitalian-bambuno.com
11:30〜14:00、14:30〜17:00、
18:00〜22:00（L.O.21:30）、
かき氷は14:30〜17:00、
火曜休（不定休あり）
近鉄奈良駅から徒歩約7分

# 濃茶こほり 春日の杜
1000円

MAP
飲食店
**11** [ P.7 ]

奈良市中心部

## 陶芸家が営むカフェでいただく

春日大社を抜け、若草山のふもとにある陶芸工房＆カフェ。カフェではランチや飲みもの、甘味のほか、4月末から11月限定でかき氷を提供しています。「濃茶こほり」は上質な大和産抹茶を2種類混ぜ合わせたかおり高いかき氷。陶芸家のオーナー、中野則子さん作の器に入って出てきます。

### 春日野窯／カフェハルヒノ
はるひのがま

📍 奈良市春日野町158-9
0742-23-3557
haruhinogama.web.fc2.com
11:00〜17:00、カフェ13:00〜17:00、
火〜木曜休（祝日の場合は営業）
JR奈良駅または近鉄奈良駅から
奈良交通バスの春日大社本殿行きに
乗り「春日大社本殿」下車、
徒歩約5分

シロップは月ヶ瀬産の抹茶2種類をブレンド。トッピングは塩ゆでの生落花生。

## 奈良のかき氷と氷室神社のお祭り

奈良の夏の名物といえばかき氷。奈良でかき氷を提供する店主たちにより結成された奈良かき氷ガイド製作委員会が、『奈良かき氷ガイド』という冊子を毎年発行しているほどです。盆地のため夏は非常に暑く、アイスクリームにさえ食指が動かないという事情もあり、もともとかき氷を出すお店が多かったといいます。

ですが、今のように個性的なかき氷店が増えはじめたのは、氷室神社でひむろしらゆき祭がはじまった2012年あたりではないか、と取材中に何人かから話を聞きました。このお祭りは、奈良の自営業者の有志が中心になってはじめたもの。『日本書紀』の時代より氷を愛でる神様をまつる氷室神社で、毎年4月に開催されています。奈良のかき氷店を中心に、20店舗以上のかき氷が集まる一大イベントなので、かき氷好きの人はぜひ。

ひむろしらゆき祭は、2023年は4月14日〜5月7日に開催予定。

氷の上におくと文字が浮かび上がる氷みくじ200円。

### 氷室神社

ひむろしらゆき祭
himuroshirayuki.wixsite.com/
himuroshirayuki

MAP
見どころ＆その他
**21** [ P.7 ]

奈良市中心部

# onwa

オンワ

》》》 なにを食べてもおいしい
JR奈良駅近くのヴィーガンカフェ

　最初に友人からこのカフェを紹介された時、実はあまり気が進みませんでした。本当に失礼な話なのですが、「ヴィーガンメニューはおいしくない」という思い込みがあったからです。でも、桃のタルトを食べてびっくり！ 「ヴィーガン？ 嘘でしょ?」というくらいおいしかったのです。奈良の有機野菜をたっぷり使ったランチ、ビーガンデライ

トも野菜だけとは思えない満足感。

　メニューは100%ヴィーガン＆グルテンフリー。とっても真面目なヴィーガンカフェなのです。

📍 奈良市三条大宮町3-23
　 0742-55-2534
　 11:00～17:00（土曜20:00）、月火曜休
　 JR奈良駅から徒歩約7分

1．桃のタルトなどケーキとお茶のセットは1000～1300円。 2．ケーキはテイクアウトも可能。オーダーメイドすることもできる。 3．店内では、オーナーが「これは」と思った焼物やオーガニックフードも販売。 4．週末のランチは混み合うので予約がおすすめ。

# 平宗 奈良店

ひらそうならてん

MAP
飲食店
**13** [P.6]

奈良市中心部

1

》》》江戸時代創業の老舗。柿の葉ずしでピクニックも◎

　奈良名物といえば？　と問えば、10人中8人は「柿の葉ずし」と答えるのではないでしょうか。名店は数あれど、私のいちばんのお気に入りは平宗。文久元(1861)年にすし、川魚、乾物の製造販売をはじめ、明治に入ると柿の葉ずしの販売もはじめました。柿の葉ずしの具として、鮭をはじめて考案したのもこちらです。

　猿沢池からすぐの奈良店は古民家を改築し、55年前に直営1号店としてオープンしました。本館と新館があり、それぞれメニューが異なります。新館はうなぎや、天麩羅コース(要予約)も。本館で柿の葉ずしをテイクアウトして、猿沢池や奈良公園でピクニックするのもおすすめです。ふたり以上から、柿の葉ずしの手づくり体験も申し込めます。

1.柿の葉ずし盛り合わせ1340円。本館は柿の葉ずしや鮎ずしなど、ずしメニューが豊富。　2.本館の1階座敷席。本館と新館は隣り合っているけれど建物は分かれている。　3.柿の葉ずしのテイクアウトは本館で。予約なしでも購入できる。

📍奈良市今御門町30-1　0742-22-0866
hiraso.jp/shop/shop-nara/
<本館>販売10:00〜20:30、飲食11:30〜20:30 (L.O.20:00)、
<新館>販売11:30〜15:00、飲食11:30〜16:00 (L.O.15:30)、
17:30〜20:30 (L.O.20:00)、
いずれも月曜休 (祝日の場合は営業、火曜休)
近鉄奈良駅から徒歩約8分

# おはなさんのおむすび屋さん

おはなさんのおむすびやさん

MAP
飲食店
**14** [ P.6 ]

奈良市中心部

1.おむすびはひとつ200円でテイクアウトもできる。
2.「はな結び定食」700円。お味噌汁のだしには、サバ、アジ、イワシの3種類の削り節を使用。

## 奈良産米のおむすびとだしがきいたお味噌汁を

ならまちにある無人書店「ふうせんかずら」内にあるおむすび屋。通常は朝7時半から10時の営業で、奈良・都祁産のコシヒカリを使ったおむすびふたつとお味噌汁、焼き魚、添えものがついた「はな結び定食」を食べられます。

おむすびはふわっとくずれるくらいやわらかく握られていて、自家製おかかや自家製しゃけなど、店主のおはなさんが仕込んだ具がたっぷり入っています。サバ、イワシ、アジでていねいにだしをとったお味噌汁もおいしくて、朝からほっこり。2020年12月にオープンして以来、観光客のみならず地元の人たちからも愛されているお店です。

3.着物とかっぽう着でおむすびを握る店主のおはなさん。 4.ふうせんかずらは登録制で入店できる書店だけれど、おむすび屋さんの営業時は自由に入れる。

📍 奈良市東城戸町32−1
（ふうせんかずら内）
www.instagram.com/
narahanamusubi/
7:30〜10:00（L.O.9:30）、
月火曜休（日曜休の場合あり）
近鉄奈良駅から徒歩約6分

# 菩薩咖喱

ぼさつかりー

》》カレーに人生を捧げる店主
奈良市初のダルバート専門店

　カレーと数種のおかずがセットに
なったネパールの国民食、ダルバート
の専門店。ゴーヤやバターナッツかぼ
ちゃなど、旬の奈良県産野菜がたっ
ぷり使われています。店主の吉村さん
は子どもの頃から大のカレー好き。大
学時代にスパイスカレーに目覚め、
大阪のメーカーで営業をしていた時は、
スパイスカレーの食べ歩きに勤しん
でいたそう。

　やがて趣味が高じて自分でもカ
レーをつくりはじめ、週末イベントで
カレー屋台を出店。その後、営業職か
ら内勤になりカレーの食べ歩きがで
きなくなったのを機に、24歳で独立
を決意したという「どんだけカレー好
きやねん」なうら若き女性です。「奈
良を咖喱の総本山にする!」という野
望を掲げて書いているnoteもとっても
おもしろいですよ。

📍奈良市薬師堂町21
bosatsucurry.com
11:00〜16:00（L.O.15:00）、
月火曜休
近鉄奈良駅から徒歩約15分

奈良県産の旬の野菜をたっぷ
り使ったダルバート1600円。
野菜は道の駅など直売所で購
入することもあるそう。

1.カレーのスパイスキット各1080円。「まだまだ修行中の身。
これからも咖喱偏差値を高めていきたいです」と吉村さん。
2.吉村さんはイベント出店や間借りで経験を積み、2022年2
月にこの店をオープン。吉村さんのnoteは右記から。note.
com/bosatsucurry/

# ミジンコブンコ

MAP
飲食店
16 [P.6]
奈良市中心部

》》 **本とカレーをゆったり楽しめる
満足度の高いカフェ**

　この本の取材中に「きたまち（近鉄
奈良駅の北側エリア）に、おいしいカ
レーと本のお店がありますよ」と聞き、
元文学少女の私は絶対行くと心に決
めました。なかに入って大感激。さま
ざまなジャンルの絵本、雑誌、単行本
や文庫本が並んでいて、しかも座席
が読書しやすいレイアウトになってい
るのです。本が好きな人なら何時間で
も過ごせる空間で、ひとりで利用して
いる人も多く、居心地のいい雰囲気
です。

　オーナーの人見さんは、元文学少
年で生物系の研究者でした。さまざ
まなタイプの本が充実しているのにも
納得です。そしてカレーもしっかりス
パイスがきいた本格的な味。お腹も
心も満足するカフェです。

オリジナルマサラを使用したカレー1種、ダル1種、スパイスお
ばんざい4種がついたミジンコプレート1200円。

1. お店のカレーに使用しているスパイス
ミックスも販売。30g入り350円。　2. ふた
り掛けのテーブル席のほか、ひとり用のカウ
ンター席があり、ひとりでも居心地がい
い。　3. もともと地元の人に愛されていたカ
フェがあった古民家を受け継いだ。

📍 奈良市東笹鉾町41
0742-24-8231
www.mijincobunco.com
11:30〜17:30（L.O.17:00）、月日曜休
近鉄奈良駅から徒歩約15分

# そうめん処スルスル

そうめんどころスルスル

MAP
飲食店
**17** [ P.6 ]
奈良市中心部

## 》》 奈良名物の三輪そうめんと フレンチとの幸運な出会い

奈良名物は、奈良漬けと柿の葉ずしだけにあらず。日本の手延べ素麺の元祖ともいわれている奈良県桜井市発祥の「三輪そうめん」も有名です。そうめん処スルスルは、三輪そうめんをならまちで食べられる専門店です。

神奈川出身の店主、竹田さんはフレンチで修業をした人。ならまちの雰囲気と、桜井市の勇製麺が製造する三輪そうめんの味に魅せられ出店を決意しました。試作に試作を重ねてでき上がった鯛だし創作そうめんは、本当に「スルスル」と食べられるおいしさ。週末はそうめんに小鉢、鯛めし、甘味がついた「スルスルそうめん御膳」も人気です。夏季はとくに混み合い、予約しないとまず入れないのでご注意を。

1.三輪そうめんに、コクのある鯛だしが絶妙にマッチする鯛だしそうめん1000円。2.定番商品の鯛だしそうめんと鯛だしトマトは、おみやげとして購入可能。3.夏場は要予約、そのほかの季節も週末は予約がベター。Instagramから予約サイトにアクセスできる。

📍 奈良市元興寺町19
0742-23-6435
www.instagram.com/
surusuru3636/
11:30（土日曜11:00）～15:30
（L.O.14:30）、月火曜休（不定休あり）
近鉄奈良駅から徒歩約14分

# 粟 ならまち店

あわ ならまちてん

MAP 飲食店 18 [P.7] 奈良市中心部

## 》》 目でも味わえる小鉢の数々
## 奈良の伝統野菜をコースで

　伝統野菜というと京野菜が有名ですが、奈良にも伝統野菜があります。大和芋やひもとうがらし、葉物野菜の大和まな、野川きゅうり──。奈良県内でつくり続けられてきたこれらの野菜をたっぷり使ったコース料理を堪能できる和食店です。

　野菜は基本的に奈良市周辺の畑で、たい肥を使い、無農薬で露地栽培されたもの。かごのなかにたくさん並ぶ美しい小鉢には彩りがあざやかな料理が盛りつけられていて、どれから食べるか迷ってしまうほど。奈良の地酒も豊富にそろい、飲む人、飲まない人ともに満足できるお店です。昼・夜とも予約制です。

📍 奈良市勝南院町1
0742-24-5699
www.kiyosumi.jp/naramachiten
11:30～14:30（最終入店13:00、
L.O.14:00）、17:30～21:00
（最終入店19:00、L.O.20:30）、火曜休
近鉄奈良駅から徒歩約10分

粟「大和牛と野菜」コース4600円。味噌、醤油も奈良産で、奈良のおいしいものの魅力を発信している。

1.奈良県のブランド牛、大和牛。赤身の味がしっかりしているのが特徴。　2.ひもとうがらし、紫とうがらし、丘ワカメ、花オクラなど、大和野菜や自家農園でとれた野菜をたっぷり使用。　3.築140年の古民家を改装。窓からは中庭が見渡せる。

# Cafe & Restaurant POOL
カフェアンドレストランプール

## 》》》 レトロな商店街にあらわれるおしゃれなビストロ

　奈良県立大学の近く、昭和の面影を色濃く残す船橋商店街を歩いていると、突如あらわれるおしゃれなお店がこちら。ソファや不ぞろいの椅子、自転車がおかれている店内は、まるで見知らぬ異国に来たかのよう。オーナーシェフの杉原さんが東京とパリで10年修業した後、生まれ故郷の奈良に帰ってきて開いたビストロです。

　「醤油や味噌など和の調味料は使わない、野菜はなるべく地元産を使う」ことにこだわった本格的なフレンチを味わえますが、Cafe & Restaurantと銘打っている通り、ディナーでもアラカルトで好きなものを気軽に食べられるスタイル。店名のPOOLには「たまり場」という意味も込められていて、その名の通り混み合っていることが多いので予約がおすすめです。

1.写真左から時計まわりに、フレンチ惣菜盛り合わせ（人数×1000円）、キャロットラベレーズンナッツ500円、パテ ド カンパーニュ900円。 2.週替わりランチ1200円など、昼間はカフェメニューもある。ひとりでも利用しやすい雰囲気。 3.予約すれば、ディナーでコースメニューも食べることができる。

📍奈良市船橋町7
0742-42-6430
www.instagram.com/
cafeandrestaurant_pool
11:30〜15:00（L.O.14:30）、
18:00〜22:00（L.O.21:30）、
火曜・第2水曜休
JR奈良駅から徒歩約10分

# カフェバル

MAP
飲食店
**20** [ P.8 ]
奈良市

⟫⟫ サイフォンコーヒーがおいしい、地元マダムに愛されるお店

薬師寺や唐招提寺に来るといつも思っていたこと、それは「食事する場所がない」。でも2021年にカフェバルがオープンして、悩むことがなくなりました。

もともと食べ歩きが大好きで、定年後には地元でカフェを開くと決めていたオーナーの大前さん。サラリーマンをしながら製菓衛生師免許の資格を取り、ほかのお店で修業

するなどして、夢を実現させました。カフェでは、食べ歩きでおいしいと思ったものを厳選して提供。奈良藤枝珈琲焙煎所のコーヒー豆をサイフォンで淹れ、パンは関西圏で評判のオリエンタルベーカリーから仕入れています。海老フライ定食などが食べられるランチは満席になることも。地元のマダムでいつもにぎわっています。

1.ホイップクリームと蜂蜜がたっぷり添えられたプレーンパンケーキ850円。 2.落ち着いた雰囲気の店内。お店の予約は、大前さんが自ら製作したホームページから可能。3.大前さんが「食べてみていちばんおいしかった」というオリエンタルベーカリーのパンはテイクアウトも可能。

📍奈良市六条1-1-5
0742-93-9956
cafebar-nara.com
10:00〜18:00、無休
近鉄西ノ京駅から徒歩約1分

# 仏蘭西料理 La Terrasse
ふらんすりょうりラ・テラス

MAP
飲食店
21 [ P.7 ]
奈良市中部

ランチメニューは6800円と1万円の2種類で、いずれも全8品。

予約がベター。ランチよりディナーのほうが予約を取りやすい。

》》 非日常感あふれるロケーションで
最高のフレンチを味わう

　奈良公園の一角にあるLa Terrasse。航空系の雑誌の仕事でこのお店を知ったのは、2019年のことでした。JALの国内線ファーストクラスの機内食を監修するレストランとして選ばれたのです。JALの目利きが選ぶお店に間違いはありません。

　門を入ったテラスには自然を感じながら食事ができる席も。店内は天井がガラス張りで開放感にあふれていて、まるでパリのブローニュの森にあるレストランにいるかのような気分に浸れます。「奈良の食材には力強さを感じる」というシェフの高田和明さんは、大阪の有名店でフレンチシェフとして腕を振るってきました。倭鴨や奈良県産のヤマメに似たアマゴ、奈良県南西部の五條市の契約農家から仕入れているハーブなど奈良の食材をふんだんに使った料理は、絶品のひとことです。

　ロケーション、値段ともに気軽に行けるお店ではありませんが、きっと記憶に残る食事が楽しめるはず。奈良の旅のハイライトに、ぜひおしゃれをして出かけてみてください。

📍 奈良市春日野町98-1 ザ・ヒルトップテラス奈良内
0742-27-0556　laterrasse.jp/nara/
12:00〜13:30 (L.O.)、18:00〜19:30 (L.O.)、
水曜12:00〜13:30 (L.O.)、火曜休
JR奈良駅または近鉄奈良駅から奈良交通バスの
市内循環外回り（2系統）に乗り
「東大寺大仏殿・春日大社前」下車、徒歩約9分。
または近鉄奈良駅からタクシーで約10分

1.ガラス張りの天井から見える木は桜。
春は店内にいながらにしてお花見を楽し
める。 2.メインは倭鴨や大和肉鶏など、
奈良産の食材が使われることが多い。
3.ぶどうやいちごなど、季節の果物を
使ったデザート。

# Bar Savant
バーサヴァン

MAP
飲食店
**22** [ P.6 ]

奈良市中心部

マスターの田中さんはならまちの元林院町出身。生駒にあるバーの名店で10年の修業を経てこちらをオープンした。

京都から奈良に移住した日本画家、上村松園の「序の舞」が飾られている。知人から開店祝いで贈られた思い出の品だそう。

## 》》中庭のある古民家バーで
## オリジナルのカクテルを

実は奈良は、バーの町として知られています。世界レベルの大会に出場したバーテンダーが3人もいて、世界いちのバーテンダーを決める「ワールドクラス世界大会」でグランプリに輝いたバーテンダーのお店もあるほど。そんな奈良で、2021年の夏にオープンしたばかりでありながら、人気を集めているのがここ。友人たちに「おすすめのバーは？」と聞くと、30代以上の女性はほぼ全員「Savant！」と答えてくれました。

中庭がある築120年の古民家を改築した趣あるバーは、午後2時開店。私にうなるほどのお金があって近くに住んでいたならば、毎日通って3杯ずつ（もっとかも）飲んでいたことでしょう。表に看板が出ていないので入りづらいかもしれませんが、勇気を出してドアを開けてみてください。めくるめく素敵な時間を過ごせます。

1.奈良の地酒「KURAMOTO」と月ケ瀬産の大和茶葉、奈良産のみりん「八重桜」を使ったカクテル、かぎろひ。奈良ご当地カクテルコンペティションで最優秀賞を受賞した。 2.「かぎろひ」は水出しの要領で、日本酒に大和茶の風味をつける。 3.カウンターはアフリカンチェリーの1枚板。欄間も残る古民家建築にしっくりなじむ。 4.店内から見える中庭。看板が出ていないのでわかりづらいけれど、居酒屋「とよのあかり すずの音」の目の前にある。

📍奈良市椿井町30-3
0742-23-8568 bar-savant.com
14:00〜23:00（最終入店22:00、L.O.22:30）、不定休
近鉄奈良駅から徒歩約5分

# 斑鳩・王寺・三郷

いかるが・おうじ・さんごう

「寅の寺」として関西では知られる信貴山朝護孫子
寺。本堂は平群町にあるけれど、アクセスは王寺駅
もしくは信貴山下駅が断然便利。

 **ACCESS**

斑鳩町へはJR奈良駅からJR関西本線に乗り法
隆寺駅まで11分。または王寺駅から奈良交通バス
を利用。JR奈良駅からJR関西本線に乗り王
寺駅まで15分、三郷駅まで18分

# 古代の歴史を感じられる町

**奈** 良市中心部の南西に位置する町々で、私が住んでいたのがこのエリア。鉄道が開通するまで、奈良と大阪とを結ぶ物流の要だった大和川が流れています。河川敷はジョギングや犬の散歩をする憩いの場になっていて、春には菜の花がとてもきれい。ちなみに、真っ赤なもみじが川を染める様子をうたった百人一首の歌「千早ぶる 神代もきかず 龍田川 からくれなゐに 水くくるとは」

（在原業平）に詠まれている龍田川は、生駒山から南へ流れる現在の竜田川ではなく、大和川だったという説があります。

このエリアでもっとも有名なのは生駒郡斑鳩町。聖徳太子が創建し、日本で最初の世界遺産として登録された法隆寺があります。世界中から人が押し寄せる一大観光名所です。

けれど、見どころは斑鳩町のみにあらず。たとえば生駒郡三郷町には、風の神様として2100年ほど前に創建された龍田大社があります。また三郷町と平群町をまたぐエリアには、平安時代を代表する絵巻物の国宝「信貴山縁起絵巻」にゆかりのある信貴山が。信貴山朝護孫子寺の門前にある開運橋では、関西唯一のバンジージャンプも楽しめます。北葛城郡王寺町は2社4路線が乗り入れる王寺駅を擁し、大阪の天王寺駅まで約20分とアクセス抜群。王寺駅前からはバスもたくさん出ていて、法隆寺へのアクセス拠点としても便利です。

**1.**信貴山の紅葉。三郷町から信貴山にかけては紅葉の名所として知られる。**2.**三郷町と大阪府柏原市の境にある「竜田古道の里山公園」から王寺町を望む。**3.** 聖徳太子の愛犬だった雪丸は、王寺町のゆるキャラとして活躍中。

# 法隆寺
ほうりゅうじ

MAP
見どころ&その他
22 [ P.8 ]
斑鳩町

日本最古の塔である五重塔。塔の下には仏舎利が納められている。一度焼失した伽藍は、奈良時代初頭までに再建されたといわれている。

法隆寺の敷地面積は約18万7000㎡。東京ドームおよそ4個分の広さがあるので、歩きやすい靴で行くのがおすすめ。

》》 日本ではじめて世界遺産に
約1300年前の木造建築物が残る

推古天皇15（607）年頃、聖徳太子により創建され、法起寺とともに、1993年、日本で最初に世界遺産に登録されました。天智天皇9（670）年の火災で伽藍を焼失しましたが、ほどなくして再建され、日本最古の木造建築が残ります。五重塔をはじめ、釈迦三尊像などが安置されている金堂、聖徳太子の等身像とされる救世観音像がまつられている夢殿などが見どころ。最近では、境内の整備費用などの捻出のため、クラウドファンディングで1億5700万円を集めたことでも話題になりました。

法隆寺に参拝する際、JR法隆寺駅から徒歩で向かう人が多いのですが20分ほどかかり、車通りが多い道なのでおすすめできません。バスを利用すれば10分弱で到着します。JR王寺駅北口からもバスが多く出ていて、乗車時間は15分ほどです。

斑鳩町法隆寺山内1-1
0745-75-2555
www.horyuji.or.jp
2月22日～11月3日8:00～17:00、11月4日～2月21日8:00～16:30、無休
拝観料1500円
JR法隆寺駅から奈良交通バスの法隆寺参道行きに乗り終点下車、徒歩約4分。またはJR・近鉄王寺駅（北口）から奈良交通バスの国道横田・シャープ前・法隆寺前行きに乗り「法隆寺前」下車、徒歩約5分

# 中宮寺跡とコスモス畑

ちゅうぐうじあととコスモスばたけ

》》》 秋にコスモスが咲き乱れる、聖徳太子の母ゆかりの尼寺跡

聖徳太子が、母である穴穂部間人皇后のために建立したと伝わる尼寺、中宮寺。実は飛鳥時代に創建された当時、お寺は現在の場所より500mほど東にありました。中宮寺跡には塔や金堂の基壇が残っていて、南北に並ぶ四天王寺式伽藍配置だったことが偲べます。

中宮寺跡は史跡公園として整備されていて、いつでも、だれでも無料で入れるのですが、おすすめは10月中旬から11月。斑鳩町が農家の協力を得て栽培したコスモスが一斉に花を咲かせ、とても美しい風景を楽しめます。ベンチなどもあるので、お弁当などをテイクアウトして訪れるのも◎。

1. 田園風景に広がるコスモス畑。斑鳩町のホームページ（下記）でコスモス開花情報が公開されている。 2. 土壇に塔と金堂の礎石が残る中宮寺跡。創建された年は定かではないが、法隆寺と同じ頃とされている。

📍 斑鳩町法隆寺東2
0745-70-1200（斑鳩文化財センター）
www.town.ikaruga.nara.jp/
0000001877.html
入場無料
JR法隆寺駅から奈良交通バスの大和小泉駅行きに乗り「中宮寺東口」下車すぐ

# 信貴山朝護孫子寺

しぎさんちょうごそんしじ

MAP 見どころ&その他
24 [P.9]
平群町

1.本堂は京都の清水寺を思わせる堅固な舞台造り。真っ暗な回廊を進む「戒壇巡り」もぜひ挑戦を。 2.境内には桜の木も多く、お花見に訪れる人も。

>>> 聖徳太子が開いた「寅」の寺
商売繁盛などのご利益が

信貴山が開山したのは今から1400年前。寅年寅の日寅の刻、聖徳太子がこの山で毘沙門天王を感得。その後、物部守屋討伐に勝利した聖徳太子は、自ら毘沙門天王像を刻み、「信ずべき貴ぶべき山、『信貴山』」と名づけたといいます。商売繁盛にご利益があるパワースポットとして、関西では知られています。

多宝塔を抜けると、戦国武将、松永弾正（久秀）の居城跡を通って空鉢護法堂、通称「空鉢さん」へと登る道があります。この空鉢さんでは、つがいの白蛇が大切に飼われているのですが、何度行っても「巳ィさん、寝てはります」と一度も見る機会がありません

（なんでもお寺の方に「これは」と見込まれた人でないと、見せてもらえないというウワサも……）。

ところで私、恥ずかしながら奈良に住む前はこのお寺のことを知りませんでした。春は桜、夏は新緑、秋は紅葉と四季折々に美しい信貴山がすっかり気に入って、友人に吹聴してまわったのですが、そのなかのひとりが「信貴山縁起絵巻の信貴山でしょ？ 高校時代に日本史のテストによく出てたよ」というのです。そう、平安時代に描かれた国宝「信貴山縁起絵巻」はここが舞台。原本は奈良国立博物館に収められていますが、レプリカを霊宝館で見られます。

信貴山はふもとの三郷町から山頂まで紅葉の名所として知られている。それほど混雑しない穴場。

3.信貴山の入り口で迎えてくれる大きな張り子の「世界一福寅」。なんと首が動くので驚かないようご注意を！ 4.大日如来が安置されている多宝塔。 5.空鉢護法堂へと続く階段。道はけわしいけれど、頂上からのながめは格別。奈良盆地を一望できる。

📍 平群町信貴山　0745-72-2277
www.sigisan.or.jp　9:00〜16:30、無休
霊宝館拝観料300円
JR・近鉄王寺駅から奈良交通バスの
信貴山門行きに乗り「信貴大橋」下車、
徒歩約5分

写真提供：信貴山朝護孫子寺

# 天然温泉 信貴の湯

てんねんおんせんしぎのゆ

MAP
見どころ&その他
**25** [P.9]

三郷町

内湯は全部で3つ。シャンプー、コンディショナー、ボディソープ完備。バスタオルも350円で販売しているので、手ぶらでも利用可能。

## 》内湯、露天風呂、サウナと充実の新しい日帰り温泉

　奈良には日帰り温泉がたくさんあります。こちらはもともと農業体験ができる「信貴山のどか村」内の温室だったところを温泉施設に改装し、2021年11月にオープン。私が住んでいたエリアから近いこともあって、足しげく通いました。男湯、女湯ともに、内湯3つ（うちひとつは水風呂）と露天風呂、サウナがあり、広々ゆったり。お湯は弱アルカリ性で、入浴後はしっとりすべすべの肌になります。併設の食事処は定食メニューが充実。オイルトリートメントもできるスパもあり、疲れをゆっくり癒せます。

　ただひとつ難点は、公共交通機関でのアクセスがあまりよくないこと。信貴山朝護孫子寺（P.68）から歩けないこともないのですが、30分ほどかかります。いちばんのおすすめは、JR・近鉄王寺駅からタクシーです。

📍 三郷町信貴南畑1-2178-1
0745-72-0101
shiginoyu.com
10:00〜21:00（最終受付20:30）、
月曜休（祝日の場合は営業、火曜休）
入浴料750円
JR・近鉄王寺駅から奈良交通バスの
信貴山門行きに乗り「信貴山門」下車、
徒歩約30分。または王寺駅から
タクシーで約15分

1.露天風呂があるのも◎。弱アルカリ性の泉質は、美肌効果だけでなく不眠症などにもいいそう。　2.併設のレストラン、信貴めし。うどんや天ぷらなどがついた信貴めし定食1700円などセットメニューが豊富。

# 片岡山 達磨寺
かたおかさんだるまじ

MAP 見どころ&その他 26 [P.9]

王寺町

1

》》 聖徳太子に縁のある寺で太子の愛犬、雪丸に会える

聖徳太子といえば斑鳩と明日香のイメージが強いですが、王寺にもゆかりのお寺があります。それが達磨寺。『日本書紀』によると、聖徳太子は飢えに苦しみ道に倒れていた人を助けようとしましたが、結局亡くなってしまいます。太子は手厚く葬りましたが、数日後、その遺体は消えてなくなっていたのだとか。この飢人は、のちの達磨大師の化身と考えられるようになり、達磨寺が生まれ

たといいます。

私にとって達磨寺といえば、聖徳太子の愛犬だった雪丸が葬られているお寺。雪丸は王寺町の「ゆるキャラ」として、奈良県内で大活躍しています。小さなお寺ですが、境内には木造聖徳太子像をはじめ、重要文化財がたくさんあります。

📍 王寺町本町2-1-40　0745-31-2341
www.darumaji.jp　9:00～17:00、無休
拝観無料　JR・近鉄王寺駅から徒歩約10分

3

4

1.奈良県の重要文化財に指定。達磨寺には3基の古墳があり、本堂の下にも古墳時代後期の円墳がある。　2.聖徳太子と達磨大師が出会い、歌を詠み交わした場所とされている問答石。　3.雪丸は聖徳大子の飼い犬。人の言葉を理解し、お経を読めたといわれている。　4.達磨寺の御朱印にも雪丸があしらわれている。

# 龍田大社
たつたたいしゃ

MAP
見どころ&その他
**27** [ P.9 ]

三郷町

1

>>> 創建は約2100年前。風の神様をまつるパワースポット

三郷町から大阪府柏原市に抜けるこのあたりは、風水学で考える「龍穴」にあたり、都のある奈良盆地にいい気を運び入れる風の通り道とされていました。そこにつくられたのが、風をつかさどる神様、天御柱大神（あめのみはしらのかみ）と国御柱大神（くにのみはしらのかみ）をまつる龍田大社です。創建されたのはなんと2100年ほど前で、とても由緒と歴史のある神社なのです。

7月の第1日曜に行われる風鎮大祭の締めくくりには、神様に火のごちそうである手持ちの大きな花火、風神花火が奉納されます。人の身長の3倍はあろうかという風神花火は大迫力です。

2

4

1.龍田大社には、法隆寺を建立する際に聖徳太子が参拝したといういい伝えも残る。 2.柱にぐるぐると巻きつけられた龍田大社のしめ縄は、「龍」をあらわしているのだとか。 3.万葉集の歌人、高橋虫麻呂の歌碑。龍田大社を詠んだ歌が記されている。 4.境内には縁結び、浄難災難除けの神様をまつる白龍神社もある。

📍 三郷町立野南1-29-1
0745-73-1138
www.tatsutataisha.jp
9:00～17:00（祈祷最終受付16:00）、
無休　拝観無料
JR三郷駅から徒歩約5分

# DESIGN SETTA SANGO

デザインセッタサンゴウ

MAP
ショップ
14 [P.9]

三郷町

1

》》三郷町から世界へはばたくおしゃれな雪駄ブランド

三郷町の人気カフェfunchana（P.82）と、雪駄店のWASABIYA（P.74）のオーナー夫妻の4人が2013年に立ち上げた雪駄のブランド。コロンとかわいらしい俵型、コーヒー豆の麻袋に使われるジュートなどを使った天（足をのせる部分）、ヨーロッパのビンテージ生地や日本のテキスタイル作家とのコラボ生地を使った鼻緒など、雪駄のイメージをくつがえす圧倒的なかわいさと履き心地のよさが話題になり、Instagramやメディアを通じてまたたく間に評判が広がっていきました。日本のみならず海外でも認められ、ニューヨークやミラノ、フランスなど世界各地で展示や販売を行っています。

2022年には、正倉院の宝物に多くあしらわれている天平文様を鼻緒に使ったコレクション、TEMPYO SETTAを発表しました。三郷町が誇るおしゃれブランドです。Cafe funchanaで購入できます。

1.通常の雪駄より製造工程数が多く、よりふかふかでやわらかい履き心地。1足12800円〜。2.ヨーロッパのビンテージ生地やアフリカの布などを使った鼻緒がかわいい雪駄。左から2番目が、天平模様を写したTEMPYO SETTAシリーズのひとつ、「威風」。

📍 Cafe funchana（P.82）で販売
designsetta.jp

2

# WASABIYA
ワサビヤ

MAP
ショップ
**15** [ P.9 ]
三郷町

>>> 100年以上続く雪駄の老舗
80以上の鼻緒から好みのものを

　私が住んでいた三郷町は、100年以上続く鼻緒と履物の町。最盛期には、全国の8割もの生産量を誇っていました。そんな三郷町で、芝崎吉右衛門商店の名で鼻緒製造業をはじめて以来、100年以上にわたって和装履き製造業を営んでいるのが芝惣商店です。もともとは卸売専門でしたが、4代目の芝崎さんが「実際に履いているお客様の声を聞いて、ニーズを知りたい」と、WASABIYAをオープン。まずはオンライン販売からスタートし、2019年に実店舗を構えました。

　WASABIYAの雪駄の特徴は、なんといっても履き心地のよさ、そして好きな鼻緒を選べるデザイン性の高さ。雪駄は本来、男性用の履物なのですが、「男女の垣根を超えて売ったらええんやないかと思ったんです」と芝崎さん。花柄、水玉、寅をあしらったもの

など80種類以上ある鼻緒の柄に魅かれてか、WASABIYAで雪駄を購入するのはほとんどが女性です。

　「女性用やからといって、底を高くしたりすると歩きにくいんですよね。形は角を落として若干丸くしていますが、素材も製造工程も男性用と同じです」

　伝統的な雪駄の底材は革、表はイグサですが、丈夫で軽いため歩きやすく、濡れた路面でも滑りにくいEVA素材を底材に、表には雨に濡れても乾きやすい東南アジア原産の天然素材、馬蘭草を使用。素材はすべて芝崎さんが自分で試してみて、納得のいったものを使っています。その確かな技術が評価され、アシックスブランドの雪駄も製造しているほど。伝統と革新を兼ね備えた素敵な雪駄店です。

📍三郷町立野北1-33-30
wasabiya.store
10:00〜16:00、土日曜・祝日休
JR三郷駅から徒歩約10分

1.子ども用サイズの雪駄も販売。店内のレトロ雑貨は奥さんの趣味だとか。　2.雪駄は1足3400円〜。「一筆書き」など鼻緒の柄に合わせて楽しい名前がついている。

3.ファーやフェルトなどを使った、アーティストとのコラボ雪駄も販売。 4.福だるまがついたアーティストとのコラボ雪駄。 5.「3代目の父もオンデマンドで鼻緒を製造するなど新しいことをやっていたので、女性用の雪駄をつくると伝えた時も全く反対されませんでした」と芝崎さん。

実店舗では、好きな鼻緒を選べば30〜40分ほどで雪駄にすげてくれる。

# verygoodtabledeli
ベリーグッドテーブルデリ

MAP
ショップ
**16** [ P.9 ]

三郷町

》》**信貴山下駅徒歩10秒のテイクアウト専門デリ**

　斑鳩のカフェverygoodchocolate（P.79）のオーナー、北田さんによるお弁当とデリのテイクアウト専門店。2020年に開店し、時節柄、私もとても重宝しました。

　いちばん人気は、旬の食材を使い、酸味や甘味など味のバリエーションを考えてつくられたおかず9品が詰まったvery good OBENTO。野菜はできる限り地元産、お米は天理市の契約農家のものを使用。「奈良にうまいものなしといわれますが、野菜も果物も本当においしいんですよ。とくに、うち

のお弁当はごはんがとにかくおいしいとよくいわれます」と北田さん。信貴山朝護孫子寺を訪れる際にテイクアウトしてベンチで食べるのもよし、ホテルでのんびり夕飯をとりたい時にもおすすめです。

📍 三郷町信貴ケ丘1-1-18　0745-60-6461
www.instagram.com/verygoodtabledeli/
10:00〜17:00（水土曜16:00）、日曜・祝日休
近鉄信貴山下駅からすぐ

1.お弁当は写真のvery good OBENTO（1000円）のほか、おかずの数をしぼったtoday's OBENTO（630円）の2種類。　2.おかずは日替わり。Instagramでその日のメインのおかずを確認できる。　3.お弁当以外に、ケーキやプリンも販売。オードブルセットなどもオーダー可能。　4.月初と月末に販売されるパイナップルケーキ350円。パッケージもかわいい！

# 布穀薗
ふこくえん

MAP
飲食店
23 [P.8]
斑鳩町

1

》》宮大工が手がけた邸宅を望み、カフェで奈良の食材を堪能

　幕末・維新期の尊攘運動家であり、明治政府で活躍した北畠治房が晩年に暮らしていたお屋敷の一部を改装したカフェ。布穀とは治房の号だったそうです。宮大工の西岡常吉棟梁がつくり上げた築約140年の邸宅は、昭和29 (1954) 年から結婚式場として使われていました。そして2014年、淀城から移築したと伝わる門の長屋部分を利用して、カフェスペースがオープンしました。大きな窓からは母屋と庭園を見渡せます。

　カフェで使われている食器は赤膚焼、家具は吉野の木材、そして食材は三輪素麺や吉野原木しいたけなど奈良の名産品がたっぷり。ランチは斑鳩名物の竜田揚げがおすすめです。

1.国産鶏の竜田揚げ、吉野産の原木しいたけ入素麺などがついた「斑鳩名物　竜田揚げランチ」1750円。2.店内から望める母屋は明治20年に建てられた。庭にはテラス席もある。　3.店内の家具は、奈良県南部にある下北山村の流木作家にオーダー。吉野産の杉やヒノキを使用。　4.カフェとして利用されているのは、淀城の門を移築したといわれている長屋門。

2

3

📍 斑鳩町法隆寺2-2-35
0745-44-8787
fukokuen.com
10:00〜16:00 (L.O.15:45)、
水曜休 (祝日の場合は営業)
JR・近鉄王寺駅 (北口) から奈良交通バスの国道横田・シャープ前・法隆寺前行きに乗り「法隆寺前」下車、徒歩約5分

# CAFE鍼灸ZADAN
カフェしんきゅうザダン

MAP
飲食店
**24** [ P.8 ]

斑鳩町

チーズケーキをはじめスイーツはすべて手づくり。ケーキ450円
〜、コーヒーは500円〜。

》》鍼灸とおいしいコーヒーで
　心も体も休まる古民家カフェ

　奈良に住んでそのよさを知ったも
ののひとつが鍼灸。人生初のぎっくり
腰で鍼灸を受けてみたら痛みが激減
し信奉者に。このカフェを見つけた時
は、「鍼灸もお茶もできる!」と小躍り
しました。ZADANは、斑鳩出身で鍼
灸師のオーナーが「もっと鍼灸を身
近に感じてほしい」と2014年にオー
プンしました。築95年の古民家を改
装した店内は居心地抜群。しかも法
隆寺の夢殿の目の前という素晴らし
い立地です。

　コーヒー豆は35分と通常より長い
時間をかけて焙煎し、うまみとコクを
出したもの。竜田揚げやスパイスカ
レーなど、ランチもとってもおいしい。
カフェスペースの奥に鍼灸の施術室
があり、予約なしでも受けられます。

1.本や雑誌もありのんびり過ごせる。店主
による部分はりコースは1部位(10分)1500
円など。　2.コーヒー豆はお店のほか、ホー
ムページや斑鳩町のふるさと納税でも購入
可能。　3.ティーバッグ式の手軽なコー
ヒー、ZADAN SWINGは1袋200円。

📍 斑鳩町法隆寺2-3-16　0745-74-5797
i-zadan2014.jimdofree.com
9:00〜16:00 (ランチは11:00〜14:00)、
木曜・第3火曜・第3水曜休
JR・近鉄王寺駅(北口)から奈良交通バスの
国道横田・シャープ前・法隆寺前行き
に乗り「法隆寺前」下車、徒歩約9分

# verygoodchocolate
ベリーグッドチョコレート

MAP
飲食店
**25** [P.9]
斑鳩町

》》》 靴下工場をリノベ。手づくりフードがおいしいカフェ

実は靴下の生産量が全国1位の奈良県。斑鳩町にあった靴下工場の跡地にあるのがこちらのカフェです。オーナーの北田さんは以前、お菓子を扱う商社で営業を担当。出産後にはじめたお菓子づくりが友人たちの間で評判になったことから製菓衛生師の資格を取得し、料理教室を開いていました。

カフェをはじめる際、知人に紹介されたのが今の物件。「昔のすりガラスが残っていたりする独特な雰囲気に魅かれました。内装は夫とふたりですべてセルフリノベーションしたんです」と北田さん。味噌やドレッシングを含めフードはすべて手づくり。ケーキや飲みものなどカフェメニューはもちろん、10種類のお惣菜がつくランチもおすすめです。人気店なので予約がベター。

📍 斑鳩町龍田西8-3-22 ロイカビル1F
0745-43-7791
www.instagram.com/
very_good_chocolate/
11:30〜16:00（L.O.15:30）、
水土日曜休（祝日の場合は営業）
JR・近鉄王寺駅から徒歩約15分。または王寺駅（北口）から奈良交通バスの国道横田行きに乗り「三室山下」下車、徒歩約3分

音楽ライブや、苔玉づくりのワークショップなどイベントも多数開催している。

1.窓枠やすりガラスなど、靴下工場に残っていたアンティークな建具をいかしてカフェにリノベーション。 2.キヌアサラダやなすとトマトのグラタンなど、季節の野菜がたっぷりのベリチョコランチ1500円。 3.チーズケーキなどお菓子も手づくり。ホールケーキのオーダーも受けつけている。

# たこ坊

たこぼう

MAP
飲食店
26 [ P.9 ]

王寺町

1

》》 地元の人たちに愛され続ける、姉妹が焼くたこ焼き店

たこ坊のはじまりは、今から52年前のこと。王寺で歯科医院を営んでいた歯科医師の趣味が高じてはじめたお店でした。ラーメンのスープをベースに考案しただしにつけて食べるたこ焼きは大評判となり、あっという間に行列ができる人気店に。

その味を受け継いで2018年3月にこちらでお店をはじめたのが、歯科医師の孫娘である上田姉妹です。「祖父のお店を子どもの頃から手伝っていたから、店に立った初日から大ベテラン」とふたり。私のおすすめは油かす入りたこ焼きですが、だし巻き卵などの一品料理も◎。同じビル内に、お姉さんが開いた豚まん専門店もあります。

2 3 4

1.牛ホルモンを揚げた油かす入りたこ焼き4個350円。生ビール500円などアルコールもそろう。 2.たこ坊の看板娘、上田姉妹。お店は王寺駅隣接のショッピングセンター、リーベル王寺西館1Fにある。ピンクのネオンが目印。 3.たこ焼きのほか、だし巻き卵や豚の角煮、どて焼きなどのおばんざいも。 4.テイクアウトの豚まん専門店「百々萬」は小ぶりでジューシーな豚まんが人気。3個で360円。

📍 王寺町久度2-3-1 リーベル王寺西館1F
0745-72-8224
www.instagram.com/takobou33/
17:00〜23:00、日曜休
JR・近鉄王寺駅から徒歩約1分

# 和カフェと親子丼専門店〜雪丸茶屋〜
わカフェとおやこどんせんもんてんゆきまるちゃや

MAP 飲食店 **27** [P.9] 王寺町

## ≫≫ 奈良にこだわる和カフェ

聖徳太子の愛犬、雪丸に縁のある達磨寺 (P.71) のすぐそばにオープンしたお店。奈良県で生産された地鶏「大和肉鶏」の親子丼をいただけます。甘味メニューは、雪丸の焼印つき自家製粒あんどら焼きがとくにおすすめ。店主がこだわって選んだ日本茶やコーヒーをいただきながらゆっくり過ごすのもいいでしょう。店内では雪丸のおみやげの販売も。

📍 王寺町本町2-5-2　0745-31-4556
www.instagram.com/yukimarucyaya/
9:30〜17:00、不定休
JR・近鉄王寺駅から徒歩約13分

1.人気の自家製粒あんどら焼き300円のほか、抹茶、玉露茶など飲みものメニューも豊富。　2.2019年に開店。野杉とヒノキを使った店舗は地元の工務店によるもの。

# 魚八庭
うおはちてい

MAP 飲食店 **28** [P.9] 王寺町

## ≫≫ 地元客でにぎわう魚料理店

奈良は海なし県なので、残念ながらどこでもおいしい魚料理を食べられるわけではありません。王寺、三郷界隈で、「魚が食べたい」と思ったらおすすめはここ。店主が毎日市場で買いつける新鮮な魚介類を堪能できます。お造りもお酒のアテもすべておいしいですが、私のおすすめは鯛のあら炊き。どうしてもこの味は家で再現できません。

📍 王寺町王寺2-4-3 アドレ参番館
0745-31-2801　uohatitei.owst.jp
11:30〜14:00 (L.O.13:50)、17:00〜23:00 (L.O.22:30)、日曜休 (月曜が祝日の場合は営業、月曜休)・不定休あり
JR・近鉄王寺駅から徒歩約5分

1.マグロのひとくちカツ定食1078円などランチメニューも豊富。ランチでもグランドメニューから注文＆昼飲みOK。　2.カウンター席、小上がり、テーブル席、半個室など席タイプもさまざま。ゆったりとくつろげる。

# Cafe funchana

カフェファンチャーナ

MAP
飲食店
**29** [ P.9 ]

三郷町

》》 大和川のほとりに佇む
みんなに愛される人気店

　奈良在住時代、家族でよく訪れたCafe funchana。2009年のオープン以来、三郷町の住人はもとより大阪など遠方から訪れる人も少なくない大人気のカフェです。2022年6月には新たに建設した2階建てのJAMビルに移転し、ベーカリーのa bread of fresh air、雪駄ブランドのDESIGN SETTA SANGO（P.73）も入り、さらに魅力的なスポットになりました。

　カフェスペースは2階にあり、ニューヨークのMOMAやブルックリンのカフェにインスパイアされてつくり上げたというおしゃれな空間が広がっています。ランチやパフェなどのカフェメニューのほか、奈良では数少ない本格的なハード系のパンを1階のベーカリーで買ってイートインすることも可能。大きくとられた窓からは大和川や周囲の山々の緑が見え、時間を忘れてくつろげます。

1階にはベーカリーのほか、雪駄ブランド「DESIGN SETTA SANGO」ショップがある。

ハード系のパンのほか、デニッシュペストリーや総菜パンも充実。総菜パンは主にカフェのキッチンでつくっている。「食材はなるべく三郷町のものを使用しています」とオーナー。

1.こだわりのクロワッサンは16層と27層の2種類。食感や味わいの違いを楽しめる。 2.カフェラテ500円。予約はできないので、待ちたくないなら開店時間に訪れるのがおすすめ。

3.インダストリアルな雰囲気の2階カフェスペース。光がきれいにまわり、映える写真が撮れる。 4.コーヒーは注文が入るたびに豆を挽き、サイフォンでじっくり淹れてくれる。

📍 三郷町立野南3-1-18 JAMビル2階　0745-73-1187　www.funchana.com
10:00（土曜・祝日9.00）〜17:00、ランチ11:00〜14:00、月日曜休
※a bread of fresh airは10:00〜18:30、土日曜9:00〜17:00、月日曜休
JR三郷駅から徒歩約1分

近鉄生駒ケーブルは生駒山上まで約2kmの勾配を運行。鳥居前駅から宝山寺駅までは5分、生駒山上駅までは12分で到着する。

生駒 → MAP [ P.9 ]

# 生駒

## おいしいレストランがひしめく

いこま

江戸時代に創建された寶山寺の門前町として発展した生駒市。大阪まで電車で20分あまりという立地のよさから、現在では大阪へ通勤する人のベッドタウンになっています。生駒山上遊園地や寶山寺がある生駒山地は、豊かな自然に恵まれ、レクリエーション施設が充実。大阪との県境にある高山地区は、茶道で使う茶筌の生産で全国シェア90％を占める茶筌のふるさと。近鉄生駒駅前には近鉄百貨店もあり、適度に町で適度に田舎というバランスのいい、住みやすい町として人気があります。

特筆すべきは、おいしいレストランが多いこと。とくに生駒駅のひとつ手前にある東生駒駅付近は、高級住宅街が広がる富雄駅や学園前駅から近いこともあって、ミシュランの星つきレストランもお店を構えています。寶山寺周辺にはながめのいいレストランが豊富。そうそう、寶山寺に行くなら、日本最古のケーブルカーにぜひ乗ってみてくださいね。

向かって右側の車両はネコを模したミケ号。交通系ICカードは使えず運賃は現金支払いのみ。

 ACCESS

近鉄奈良駅から近鉄奈良線急行に乗り生駒駅まで15分。生駒駅から近鉄生駒ケーブル鳥居前駅までは徒歩約3分。菜畑駅までは生駒駅で近鉄生駒線に乗り換え2分

# 寶山寺
ほうざんじ

MAP
見どころ&その他
**28** [ P.9 ]

》》》 歓喜天をまつるお寺。大根の絵があちらこちらに

　生駒山の中腹にあり、商売にご利益ありとして地元の人に親しまれている寺院。相当なご利益があるらしく、たくさんの人が名前入りの建石を寄進しています（なかには途方もない金額のものも！）。

　敷地内にはたくさんの建物があり、それぞれ観音様や菩薩様などさまざまな仏様や神様がまつられています。なかでも有名なのは大聖歓喜天（聖天）。境内のいたるところに大根の絵があるのは、歓喜天の好物だか
だいしょうかん　きてん　　しょうてん

らなのです。ちなみに歓喜天は、もともとはインド神話の神、ガネーシャのこと。寶山寺のある生駒近辺に、ヨガスタジオやインド料理店が多いのはそのせいか！ と納得してしまいました。

1.寶山寺は真言律宗のお寺。本堂は1688年築で、本尊として不動明王像がまつられている。　2.大根は歓喜天の好物で、紋にも使われている。　3.生駒山は古くから、神や仙人が住む山として人々からあがめられていた。　4.寶山寺参道からは生駒市内を望める。

📍生駒市門前町1-1
0743-73-2006
www.hozanji.com
1〜3・10〜12月8:00〜16:00、
4〜9月8:00〜16:30、無休
拝観無料
近鉄生駒ケーブル宝山寺駅から
徒歩約10分

# 生駒山上遊園地
いこまさんじょうゆうえんち

MAP 見どころ&その他 **29** [ P.9 ] 生駒市

## 》》大阪平野を一望できる

NHKの朝ドラ『舞いあがれ!』にも登場し、話題になった遊園地。絶叫系の乗りものなどはなく、ほのぼのとしたファミリー向けの遊園地なのですが、実はカップルも数多く訪れます。それは、遊園地から見る景色がとても美しいから。天気がよければ明石大橋や京都タワーも見えます。夏期のナイター営業時には、うっとりするような夜景も楽しめます。

1.営業開始は90年以上前。サイクルモノレール(料金400円)からは大阪平野が望める。 2.実は冬季休業中も入園は可能。誰もいない遊園地で不思議な感覚を味わえる。

📍 生駒市菜畑2312-1　0743-74-2173　www.ikomasanjou.com
10:00〜17:00、木曜(祝日の場合は営業)、12月〜3月中旬休　入場無料
近鉄生駒ケーブル生駒山上駅下車すぐ

# イタリアンジェラート&パスタ専門店
# mamma
イタリアンジェラート&パスタせんもんてんマンマ

MAP 飲食店 **30** [ P.9 ] 平群町

## 》》世界6位に輝いたジェラート

工房長は、2015年にイタリアで開催された「第36回SIGAイタリア国際ジェラートコンテスト」の自由部門で、日本人最高位の6位に入賞しています。奈良産いちごの古都華をはじめ地元の食材を使った16種類のジェラートは、保存料、香料、合成着色料不使用。おいしくて体にもいい最高の味です。近鉄生駒駅から5つめの東山駅のそばにあります。

1.ジェラートはシングル428円〜、ダブル560円〜(イートインの場合)。季節限定フレーバーも多い。
2.テラス席もある眺望抜群のお店。

📍 平群町菊美台1-7-33　0745-46-1085　tender-box.com/restaurant/
11:00〜21:00(L.O.20:30)、月曜休(祝日の場合は営業、翌日休)
近鉄東山駅から徒歩約1分

# 摩波楽茶屋

まはらじゃや

### 》》》 大和平野を望む絶景インドネシアレストラン

　日ごろの運動不足を解消しようと、近鉄生駒駅から寳山寺まで歩いたことがあります。途中で激しく後悔しましたが、こちらのテラス席から大和平野（奈良盆地）の景色を見て疲れは吹き飛びました。提供しているのは、バリ島出身のシェフがつくる本格的なインドネシア創作料理。大和肉鶏、奈良県産ヒノヒカリ米や野菜など、地元の食材がふんだんに使われています。

　ところでなぜ寳山寺でインドネシア料理？ と思いますよね。店名の摩波楽茶屋は、サンスクリット語の「マハーラジャ（偉大な王）」と「茶屋」をかけたものだそう。このお店ではマハーラジャはヒンドゥー教の神であるガネーシャを指すとのことで、歓喜天（ガネーシャ）をまつる寳山寺参道にあるのもなるほど、なのです。

📍 生駒市門前町14-1　0743-74-7111
maharajyaya.net
11:00〜14:30、17:00〜22:30（L.O.22:00）、
土日曜・祝日11:00〜22:30（L.O.22:00）、
月曜休（1日、16日と祝日の場合は営業、翌日休）
近鉄生駒ケーブル宝山寺駅下車、徒歩約2分

1.奈良盆地を一望できるテラス席。気候のいい時期は混み合うこともあるので、予約がベター。 2.テラス席からは若草山の山焼きや花火大会を見ることもできる。 3.レモングラスが香るサテなどおかず7品に、スープやサラダがついたナシチャンプル1650円。

# Kinachick no Mori
キナチックノモリ

》》目に染みる緑を楽しみながら
ギャラリーカフェでくつろいで

　近鉄生駒ケーブルを宝山寺駅で降り、参道をはずれててくてく歩くとKinachick no Moriにたどり着きます。かつて企業の保養所だった建物は、ジブリアニメ『借りぐらしのアリエッティ』をほうふつとさせる佇まい。この森と築100年の古民家にひと目ぼれしたオーナーの木村さんが、リノベーションしてギャラリー兼カフェをはじめました。

　デザートや飲みものまでつくランチは、野菜たっぷりでやさしい味わい。窓が大きくとられた店内から、緑豊かな森をながめながらゆったり過ごすことができます。ディスプレイされている古道具や雑貨も楽しく、ここに行くためだけに生駒ケーブルに乗る価値があります！

◆ 生駒市門前町20-9　0743-74-5120
www.kinachicknomori.com
11:00〜16:00（ランチL.O.14:30）、
火水曜・1・2月休
近鉄生駒ケーブル宝山寺駅から徒歩約5分

1.店内には薪ストーブがおかれている。毎年1〜2月は休業するのでご注意を。2.駅からの道々、オーナー考案の妖精Kinachickが道案内をしてくれる。3.カフェ入り口までのアプローチで振り返ると、生駒山の緑を望める。

4.築100年以上の建物をリノベーションしてカフェに。緑にあふれた庭も素晴らしい。 5,6.ランチは予約がベター。デザートと飲みものもつくKinachick Lunchほか3種類あり、いずれも1900円。

カフェ内にギャラリーを併設。オーナーの木村さん自身、人形作家でもある。

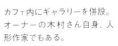

# A votre sante !

ア・ヴォートル・サンテ

>>> 一軒家レストランでとっておきのフレンチを味わう

「なにが食べたい？」と聞かれたら、かなりの割合で「フレンチ」と答えるくらいフランス料理が大好きです。誕生日、結婚記念日、そしてクライアントとのビジネスランチなど、特別な機会に訪れてきたのがこちらのフランス料理店。ワインの産地として知られる南フランスのローヌ地方のレストランで修業したオーナーが、生駒市東菜畑に1998年にオープン。その後、2012年に現在の菜畑駅からすぐの場所に移転しました。

アプローチから緑がいっぱいの一軒家レストランで、店内にはアンティーク家具が配され、花やアートがふんだんに飾られています。前菜、スープ、魚または肉料理、そしてデザート、食後の飲みものがつくランチは彩りも美しくボリュームもたっぷり。なんとデザートは2品も出てきます。まるでフランスのレストランにいるかのような雰囲気にひたれる素敵なお店は、ミシュランガイドのビブグルマンにも選ばれています。

1

店内にはアンティーク家具が並び、花がたくさん飾られている。ランチは必ず予約を。

幹線通り沿いにあるとは思えない
ほど緑豊かな一軒家レストラン。

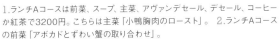

1.ランチAコースは前菜、スープ、主菜、アヴァンデセール、デセール、コーヒー
か紅茶で3200円。こちらは主菜「小鴨胸肉のロースト」。 2.ランチAコース
の前菜「アボカドとずわい蟹の取り合わせ」。

3,4.アヴァンデセール3品とデ
セールのフルーツとココナッツの
ブランマンジェ。

📍 生駒市新旭ヶ丘6-26
0743-75-8123
kddk100.gorp.jp
11:30〜15:00（L.O.13:30）、
18:00〜22:00（L.O.20:00）、
水曜休（祝日の場合は営業、木曜休）
・月2回不定休あり
近鉄菜畑駅から徒歩3分

人気店なので、ランチなら
1週間から10日前までに必
ず予約を。

MAP
飲食店
**34** [ P.9 ]

生駒市

# communico
コムニコ

## 》》瞠目するおいしさの
## イタリアン・レストラン

「東生駒にすごいイタリアンがあ
る!」と、友人が興奮気味で教えてく
れたのがこちら。実際に行ってみて、
その味わいに圧倒されました。ラビ
オリに入っているのは奈良産なすの
ペースト。倭鴨のローストは火入れ
が完璧で、つけ合わせの宝楽ししと
うには、ししとうのジュースで戻した
クスクスが詰められています。すべて
の料理がていねいにつくられていて、
どれもはっとするほど新しいおいし
さ。美食はお酒とともに味わいたい
私にとって、ワインや奈良の地酒と
のペアリングコースがあるのもうれ
しいポイントです。

オーナーの堀田さんは奈良市出身。
イタリア北部の町ボローニャで修業
後、奈良の名店「アバロッツ」でシェ
フを務めていました。その後、アバ
ロッツの店舗を引き継いで2018年
にcommunicoをオープン。店名は
「共有」「分かち合い」を意味するラ
テン語で、「奈良の食材を生産者の

1

方に分けていただき、料理してお客
様と分かち合う」という気持ちを込
めたそう。こんなにおいしい料理を
分かち合ってくれてありがとう、と思
わず手を合わせたくなります。

1.奈良産なすのペーストが詰められたラビオリには、生ハムと枕崎産の鰹節でとったスープをかけていただく。　2.ランチは全7品で7700円。こちらは主菜の倭鴨のロースト。　3.カツオのたたきにモロヘイヤ、ドライトマト、ブイヨンをあえた前菜。クミン風味で上には揚げたモロヘイヤがのっている。　4.四季それぞれのしつらいがほどこされた居心地のいい店内。

📍生駒市東生駒2-207-1-111　0743-85-6491　communico.jp
12:00～15:00（最終入店13:00）、18:00～22:00（最終入店19:30）、
月曜休（不定休あり）
近鉄菜畑駅または近鉄東生駒駅から徒歩約12分。
または近鉄東生駒駅から奈良交通バスの74・75系統帝塚山住宅行きに乗り
「東生駒1丁目」または「東生駒2丁目」下車、徒歩約1分

# となりの平群町おすすめスポット

王寺・三郷・斑鳩エリアと生駒の間に位置する町、平群町。大阪で働く人たちのベッドタウンとして発展した町ですが、長屋王墓や、戦国武将・石田三成に仕えた嶋左近の居城だった椿井城跡など歴史的な見どころもあります。けれどそれらをはるかに凌駕する平群町のいちばん人気のスポットは、「道の駅大和路へぐり くまがしステーション」。地元の農家が栽培した新鮮野菜が大人気の道の駅で、とくにいちごとぶどうの収穫期は開店直後から大混雑。そのなかで、私のいちおしは花です。平群町の特産品である小菊やバラのほか、梅、桜、桃や各種ハーブの花などの花束が、150円〜で買えるのです。奈良に住んでいた4年間、この道の駅のおかげで切らさず花を飾ることができました。ほかに、フルーツジャムや日本酒なども販売しています。

道の駅の近くには、よつ葉バターや岩塩など材料にこだわったハード系パンがおいしいブーランジェリー・ボン・パンがあります。どちらも近鉄平群駅から徒歩圏内なので、王寺から生駒へ向かう時に途中下車してみてください。

## 道の駅大和路へぐり くまがしステーション
みちのえきやまとじへぐりくまがしステーション

夕方行くと売り切れていることも多い新鮮野菜。オーガニックや減農薬のものもある。

併設しているレストラン「hanana」で大人気の週替わりランチ980円。地元でとれた野菜がたっぷり使われている。

平群町平等寺75-1　0745-45-8511
www.heguri-apc.jp/station/
8:30〜17:00、
12月31日〜1月3日休
近鉄平群駅から
徒歩約10分
MAP ショップ **17** [P.9] 平群町

## Boulangerie Bon Pain
ブーランジェリー・ボン・パン

バターがじゅわっと染み出るタバティエール200円（下）をはじめ、手頃な価格のパンがそろう。

サンドイッチや総菜パンも販売しているので、ピクニックに持って行くのも◎。

平群町吉新1-2-2　0745-45-2281
www.bon-pain.net
7:00〜19:00、
月曜休（不定休あり）
近鉄平群駅から
徒歩約4分
MAP ショップ **18** [P.9] 平群町

# 明日香
# と
# 今井町

# 明日香

あすか

明日香村は棚田が広がり、「古きよき日本の里山」を思わせる景色が広がっている。

 **ACCESS**

近鉄奈良駅から近鉄奈良線、橿原線急行（大和西大寺駅乗り換え）に乗り橿原神宮前駅まで40分。飛鳥駅までは橿原神宮前駅で近鉄吉野線に乗り換え4分

# みんなに愛される美しき里山

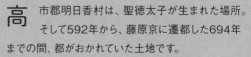

高市郡明日香村は、聖徳太子が生まれた場所。そして592年から、藤原京に遷都した694年までの間、都がおかれていた土地です。

奈良の人は明日香が大好き、というのが私の印象です。歴史好きは石舞台や飛鳥寺へ、女性同士ならカフェでランチ、子どものいる家族はサイクリングで原っぱへ……など、私のまわりの奈良で生まれ育った人たちは、しょっちゅう明日香に通っていました。でも、それも無理はありません。確かに何度も訪ねたくなる魅力が明日香にはあるのです。「花のお寺」と呼ばれる岡寺はいつ行っても美しく、棚田や里山をてくてく歩くのも四季を問わず楽しい。田辺聖子さんが

自伝的著書『しんこ細工の猿や雉』のなかで、「奈良を紹介するラジオ番組をつくった時『大和は日本人の心のふるさとなのです』という平凡で陳腐なフレーズを使ってしまった」と書いているのですが、明日香に来るとつい「日本人の心のふるさとなのです」とつぶやきたくなります。

明日香とひと口にいっても、見どころはあちこちに散らばっていて、アップダウンも結構あります。徒歩では途中で疲れ果ててしまう可能性大。明日香周遊バスも走っていますが、春と秋の行楽シーズン以外は1時間に1本の運行。いちばんのおすすめはレンタカーですが、それがかなわなければレンタサイクルが◎。橿原神宮前駅や飛鳥駅前にレンタサイクルショップがあり、電動自転車も借りられます。

1 蘇我馬子によって建てられた飛鳥寺。江戸時代に再建された本堂のなかには、7世紀はじめに完成した飛鳥大仏が安置されている。 2 花の寺として知られる岡寺のお地蔵さん。 3 かつて商店が並んでいた市場筋には古民家が並んでいる。

# 岡寺
おかでら

6月に訪れた際には紫陽花があしらわれた手水鉢が。四季折々の花手水を楽しめる。

》 明日香の「花のお寺」は
日本で最初の厄除け霊場

　奈良県民の間で「花のお寺」として知られている明日香の岡寺。境内にはさまざまな花が咲いています。ゴールデンウィークの時期に天竺牡丹（ダリア）を池や手水舎に浮かべる「華の池（はなのいけ）」、「華手水舎（はなてみずしゃ）」が有名ですが、実は6月には紫陽花、夏にはビー玉、そして秋にはもみじと一年中趣向を凝らした手水舎や手水鉢を楽しめます。花手水のほかにも、丸い形がかわいい龍玉願い珠、ハート型の絵馬などかわいいものがたくさんあります。

　岡寺は1300年前、天智天皇の勅願によって創建された歴史あるお寺で、日本で最初の厄除け霊場でもあります。霊験あらたかという声を耳にするので、厄年には厄除け祈願もおすすめです。

📍明日香村岡806　0744-54-2007
www.okadera3307.com
8:30〜17:00、1・2・12月8:30〜16:30、無休
入山料400円
近鉄橿原神宮前駅または飛鳥駅から奈良交通バスの明日香周遊バスに乗り「岡寺前」下車、徒歩約10分。または橿原神宮前駅からタクシーで約15分

1.願いを紙に書いて珠のなかに入れ、奉納する「龍玉」と呼ばれる珠。　2.本堂は文化2（1805）年の上棟で、奈良県指定文化財。毎年1〜3月は「やくよけ法要」のため、一般の内陣参拝はできない。　3.良縁を願うハート型のかわいい絵馬、良縁愛染絵馬掛け。

# 飛鳥寺
あすかでら

MAP
見どころ&その他
**31** [ P.10 ]

明日香村

>> 蘇我馬子が創建した仏教寺院
日本最古の仏像は必見

　推古天皇が即位していた596年に、蘇我馬子が建立した日本で最初の本格的な仏教寺院です。平安時代までは、今の敷地の20倍以上あるとても広いお寺だったとか。609年につくられた本尊の飛鳥大仏は、現存し、かつ年代のわかる仏像では日本最古のものといわれています。面長でアーモンドアイ、アルカイックスマイルと大陸の影響を受けたことが見てとれる仏像で、奈良の都がシルクロードの終点だったことを実感できます。

　お寺の裏側には、大和路らしいのどかな田園風景が広がっていて心が癒されます。こちらには蘇我入鹿の首塚もあるので、ぜひ裏門を抜けてみてください。

1.本尊の飛鳥大仏（銅造釈迦如来坐像）は鞍作鳥（止利仏師）作、重要文化財に指定されている。　2.聖徳太子孝養像。太子が父の用明天皇の病気回復を祈願している姿をあらわしている。　3.西門（裏門）を抜けた先に、蘇我入鹿の首塚とされている五輪塔がある。

明日香村飛鳥682　0744-54-2126
yamatoji.nara-kankou.or.jp/01shaji/02tera/03east_area/asukadera/
9:00〜17:30、1〜3・10〜12月9:00〜17:00（最終受付各15分前）、無休
拝観料350円
近鉄橿原神宮前駅または飛鳥駅から奈良交通バスの明日香周遊バスに乗り「飛鳥大仏」下車、徒歩約1分

# 石舞台古墳

いしぶたいこふん

MAP
見どころ&その他
32 [P.10]

明日香村

》》 巨石を使った方墳は石室の内部まで観覧OK

日本最大の方墳で、蘇我馬子の墓だろうと推測されている石舞台古墳。はじめてここへ来た時、なーんにもない野原に、大きな石を積み上げた古墳がそびえたつのを見て衝撃を受けました。なにしろ岩の総重量は約2300トン、天井石だけでも約77トン。クレーンもショベルカーもなかった飛鳥時代に、どうやって巨大な石を積み上げたの?と思ったのです。

内部は立ち入り禁止の古墳が多いなか、ここはなかに入って石室の内部を間近で見られます。周囲は芝生広場になっていて、春は桜がとてもきれい。ベンチもあちこちに設置されているので、食べものをテイクアウトしてここでピクニックもおすすめです。

1.石室への入り口。下りる階段がけわしいのでスニーカーがおすすめ。 2.石室内部。古くから天井石が露出していたと本居宣長の『菅笠日記』にも記述がある。 3.周囲は公園として整備されている。昔あった棚田の地形をいかした芝生広場が広がっている。 4.巨大な石30個を積み上げた石室古墳。盛土が全く残っておらず、石室が露呈しているめずらしい形状。古墳がどうやってつくられたかが書かれた案内板が近くにある。

📍 明日香村島庄254
0744-54-9200
(明日香村地域振興公社)
asukamura.com/sightseeing/499/
8:30〜17:00 (最終受付16:45)、無休
入場料300円
近鉄橿原神宮前駅または飛鳥駅から
奈良交通バスの明日香周遊バスに乗り
「石舞台」下車すぐ

# 奈良県立万葉文化館
ならけんりつまんようぶんかかん

MAP
見どころ&その他
33 [ P.10 ]

明日香村

歌垣に興じる男女、市の人々などのシーンを再現した「歌の広場」。古代空間をリアルに体感できる。

## 》》奈良の古代文化を発信する入場無料の博物館

　観光でたくさん歩いていると、「少し休憩したい、でもさっきお茶したばっかりだからカフェはちょっと」と思うことはありませんか？　明日香でそう感じた時におすすめのスポットが万葉文化館。飛鳥・奈良時代の歌を収めた『万葉集』を中心とした古代文化に関する総合文化拠点として、2001年にオープンした博物館です。

　なんと入場無料なのですが、たくさんの人形を使って奈良時代の生活を再現した地下1階の「歌の広場」、日本の古代文化に関する情報や図書資料を集めた「万葉図書・情報室」などがあり、無料とは思えない充実ぶり。ミュージアムショップで売られているオリジナルグッズも素敵です。

「万葉劇場」では人形と映像による歌劇「額田王」と「柿本人麻呂」、アニメ「万葉のふるさと」を上映。

敷地内から大和三山の耳成山（みみなしやま）、香具山をはじめ、飛鳥ののどかな田園風景が遠望できる。

● 明日香村飛鳥10　0744-54-1850
www.manyo.jp
10:00〜17:30（最終入館17:00）、
月曜（祝日の場合は開館、翌平日休）・
年末年始・展示替日休
入館無料（展覧会は有料）
近鉄橿原神宮前駅または飛鳥駅から
奈良交通の明日香周遊バスに乗り
「万葉文化館西口」下車すぐ

# caféことだま
カフェことだま

MAP
飲食店
**35** [ P.10 ]

明日香村

>> 明日香愛が高じて移住した
夫妻が営む古民家カフェ

　明日香の一角に、かつて市場筋と呼ばれていた通りがあります。江戸時代からの古い仕舞屋が軒を連ねるこの通りにあるのがcaféことだま。築200年弱の酒蔵だった建物をリノベーションしたお店です。オーナーは明日香を愛するあまりに移住してきた夫妻で、ご主人は東京、奥様は岡山出身。明日香村好きの人たちが集まるウェブサイトを通じて知り合ったそうです。

　数量限定のランチは、野菜をはじめ毎朝仕入れる明日香村産の新鮮な食材を使用。ティータイムには桃やメロンなど季節の果物をぜいたくに使ったパッピンス（小豆のかき氷）が人気です。土日曜はとても混み合うので、必ず予約を。

1. 数量限定のことだまランチ1650円。　2ことだまランチにはデザートと飲みものがつく。11時〜と11時半〜のみ、席の予約が可能。

📍 明日香村岡1223　0744-54-4010
www.cafe-kotodama.com
10:00〜16:30（L.O.16:00）
（土日曜・祝日17:00、L.O.16:30）、
ランチ11:00〜14:00。
火曜・第3水曜休（不定休あり）・
夏季および冬季休業あり※早めの受付終了、
閉店の場合あり
近鉄橿原神宮前駅または飛鳥駅から
奈良交通バスの明日香周遊バスに乗り
「島庄」または「岡寺前」下車すぐ

築200年弱の元酒蔵・松村邸の母屋建物を
セルフリノベーションし、カフェをつくった。

半個室のようなスペースもあり、ひとりでもグループでもくつ
ろげる。

3.奈良在住の作家によるアクセサリーなども店内で販売。 4.店内にはおみやげなど物品販売
コーナーも。将来的にはテイクアウト専用のスイーツコーナーも設ける予定だそう。

# ココロゴハン

》》明日香産の野菜を使用
岡寺にいちばん近いカフェ

「古きよき時代の日本の佇まいを残す明日香でカフェを営みたかった」というオーナーが、岡寺にほど近いこの場所にカフェをオープンしたのは2019年。明日香で育てられた無農薬の玄米と明日香産の野菜を使ったランチ、そして酒種酵母に国産小麦を使用した手づくりドーナツが人気のお店です。テイクアウト用のお弁当もあり、ここでお弁当を買って、石舞台などでピクニックをするのもおすすめ。

店内にはオーナーが好きで集めているというガラス製品や古道具が、展示販売されています。ボーン、ボーンと時を知らせる柱時計の音も心地よく、昭和にタイムスリップした感じでくつろげます。

1.古民家をリノベーションしてカフェに。営業日や営業時間が変則的なので、Instagramで確認を。2.ランチのココロゴハン1265円。ランチ、お弁当は電話でのみ予約可能。3.店内で販売されている食器やカゴ、引き出しなどの古道具は、ながめているだけで楽しい。

📍明日香村岡956　090-3715-5578
www.instagram.com/cocorogohann/
11:00〜16:00（L.0.15:30）、
月火日曜休
※月によって定休日が変わる場合あり。
Instagramで確認を
近鉄橿原神宮前駅または飛鳥駅から
奈良交通バスの明日香周遊バスに乗り
「岡寺前」下車、徒歩約5分

# 珈琲「さんぽ」
こーひーさんぽ

MAP
飲食店
37 [P.10]

明日香村

》》》 吹きガラス工房を併設
自家焙煎のコーヒーがおいしい

　他県からの移住者が経営するカフェが多い明日香。明日香村役場の目の前にある珈琲「さんぽ」も、明日香に魅せられ移住した東京と千葉出身の夫妻がオープンしたカフェです。コーヒー豆は自家焙煎。古代米の米粉を使った「赤米のシフォンケーキ」などのスイーツのほか、ランチは数量限定の海南鶏飯（ハイナンチキンライス）と鶏のカレーライスが人気です。私がとくに好きなのは、バターをたっぷり使って焼き上げたふわふわのフレンチトースト！　ホイップクリームと蜂蜜をかけていただきます。

　カフェの隣には奥様によるガラスの工房があり、そこでつくられたグラスがカフェでも使われています。

1

1.ホイップクリームと蜂蜜がたっぷり添えられたフレンチトースト660円。自家焙煎のコーヒーは500円〜。
2.天気のいい日は、店内奥のテラス席も開放される。テラス席はペットとの利用も可能。　3.吹きガラス工房でつくられたコーヒー豆型のオブジェなどの作品も販売。

2

3

📍明日香村岡55-4　0744-41-6115
coffee3po.exblog.jp
11:00〜17:00（L.O.16:00）、
ランチ11:00〜15:00（ただし売り切れ次第終了）、
木金曜休（祝日の場合は営業）・
夏季および冬季に各約10日間休
近鉄橿原神宮前駅または飛鳥駅から奈良交通バスの
明日香周遊バスに乗り「岡橋本」下車、徒歩約1分

# 今井町

いまいちょう

は じめて橿原市今井町に来た時、一瞬自分が何時代にいるのかわからなくなりました。というのも、ここが特別な場所だからです。南北300m、東西610m四方に文化財を含め古民家がひしめいていて、電線の地中化が進んでいることもあり、歩いていると杉浦日向子さんによる江戸のガイドブック『江戸アルキ帖』の主人公になった気分。

戦国時代の天文年間(1532〜55年)に建てられた称念寺がはじまりである今井町は、一向宗の布教拠点でした。戦国時代には外からの攻撃を避けるため周辺に濠と土居をめぐらせ、僧侶や門徒を守るための武力が備えられました。当時は9つある門からしか町内に入れなかったとか。

一時は商工業都市として発展し、「大和の金は今井に七分」とうたわれたほど。しか

し明治維新により武士が消え、武士に貸金をしていた今井町の富豪もお金を取り立てられなくなり没落。橿原市の中心地は大和八木駅前に移り、今井町は「忘れられた地」になってしまいました。「古い家が残っているのは、お金がなくて建て替えられなかったから」という人もいるほどです。でも、だからこそ古民家が多い街並みが残りました。昭和30 (1955) 年には東京大学による町家調査が行われ、ほどなくして保全活動もはじまります。今ではNPO今井まちなみ再生ネットワークが中心となり、空き家や空き地の活用を推進。最寄り駅で急行も止まる近鉄八木西口駅からもすぐで、今井町にほれ込んで移住した人たちが営む素敵なカフェやレストランもたくさんあり、散策するのが本当に楽しい町です。

重要伝統的建造物群保存地区に選定。趣ある街並みが続く。

称念寺の太鼓楼は橿原市指定文化財。今井町は称念寺を中心として発展した。

 **ACCESS**

近鉄奈良駅から近鉄奈良線、橿原線急行(大和西大寺駅乗り換え)に乗り八木西口駅まで34分

# 気分は江戸時代にタイムスリップ

今井町は今も人々の生活の地。古民家を利用したカフェなどのほか、豆腐屋や酒屋など、昔ながらのお店が残る。

ヒヤシ ミ ラムネ

# 映画になった今井町

約500戸もの伝統的建造物が建ち並び、電線の地中化も進んでいる今井町。江戸の面影を色濃く残すその街並みは、数々の映画やTVドラマ、CMのロケ地として使われてきました。そのいくつかをご紹介しましょう。

映画『すくってごらん』のロケに使われたカフェ、睦月。

---

## Movie List

すくってごらん

講談社刊行の人気コミック『すくってごらん』（大谷紀子著）が原作の映画。舞台は大和郡山市なのですが、今井町でもロケが行われました。尾上松也さん演じる主人公の香芝誠が住む家はカフェ「睦月」（P.111）です。

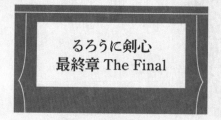

るろうに剣心
最終章 The Final

こちらも人気コミックが原作の映画。蒼井優さん演じる会津出身の美人女医、高荷恵がけがをした人の手当てをする小国診療所の様子は、今井町で撮影されました。旧米谷家住宅が使われたようで、YouTubeのワーナー公式チャンネルによると、ドローンで撮影したとのこと。
www.youtube.com/watch?v=yy__hXSdZDs

燃えよ剣

国民的作家、司馬遼太郎の原作を、岡田准一主演で映画化した『燃えよ剣』。重要文化財に指定されている高木家住宅でロケが行われました。箱階段を岡田准一さん演じる土方歳三が駆け降りるシーンが撮影されたそう。ちなみに、奈良県桜井市の長谷寺でも撮影が行われました。

あさが来た ／
ごちそうさん ほか

明治～昭和初期を舞台にしたドラマが多いNHKの朝ドラ。『あさが来た』『ごちそうさん』などで、今井町が撮影地として使われています。今井町を歩くと「撮影が行われました」など書かれたポスターが貼られているので、探してみてください。

# 今井まちなみ交流センター「華甍」
いまいまちなみこうりゅうせんたー「はないらか」

MAP
見どころ&その他
**34** [ P.10 ]
今井町

>>> 散策の起点になる場所
今井町の歴史がわかる資料館

今井町の歴史や建物の特徴などを解説する展示パネル、明治時代の街並みを再現したジオラマ、映像などを用いて、今井町についていろいろな視点から紹介する資料館。今井町を歩いていると、なぜこんな町がかたちづくられたのか、そして令和にいたるまで残っているのかと多くの人が不思議に感じると思いますが、その疑問をここで解消できます。町内にあるさまざまな施設を紹介する観光パンフレットなども手に入るので、今井町散策の起点としてもぴったりです。

ちなみにこちらの建物、明治36 (1903) 年に奈良県高市郡の教育博物館としてつくられ、昭和4 (1929) 年からは今井町役場として使われていました。現在は奈良県の指定文化財になっています。デコラティブな和風建築は一見の価値ありです。

1.甍の屋根など外観は和風、室内は洋風。明治時代に建造されたモダンで重厚な建物。 2.1階の展示コーナー。今井町がどう発展してきたのか、現在の街並み保全活動などさまざまな情報が展示されている。 3.敷地内にはあずまやもあり、散策に疲れたら日陰でくつろげる。

📍 橿原市今井町2-3-5　0744-24-8719
www.city.kashihara.nara.jp/kankou/
own_imai/kankou/spot/imai_hanairaka.html
9:00〜17:00（最終入館16:30）、
12月29日〜1月3日休
入館無料
近鉄八木西口駅から徒歩約7分

江戸後期の蔵をリノベ

# コーヒー豆店の2階でひと休み

今井町のカフェで「おいしいコーヒーですね」というと、たいてい「富田屋さんのです」と返事があります。富田屋は、自家焙煎のコーヒー豆を通信販売する専門店。オーナーの洲脇さんはコーヒー豆の焙煎を独学し、大学卒業後、3年で大阪の守口市で開業しました。

古民家へのあこがれが募り、今井町に引っ越してきたのは2015年。2022年には、1855年に建てられた蔵を吉野杉やヒノキなどの天然木を使って改装。1階を焙煎所、2階は100円で誰でも利用できる私設図書館兼フリースペースとしてオープンしました。「利益の10%を社会に還元する、という陶芸家の北川八郎氏の思想に影響を受けて開放することにしました」という2階は、本を読めるほか、お弁当を食べたり昼寝をしたり、地元の人と交流したりと自由に使えます。休憩場所として利用してみてはいかが？

1.蔵の改装資金はクラウドファンディングなどでまかなった。協力してくれた人の名前が墨（あるいは筆）で柱に書かれている。 2.コーヒー豆はハンドピックで選定。日本全国にファンがいる。店頭販売はしていないが、ホームページで事前に注文しておけばピックアップできる。 3.「今井町は観光地ではなく、人々の生活の場であるところが気に入っています」と洲脇さん。

## 珈琲の富田屋
こーひーのとみたや

橿原市今井町1-10-7
0744-22-6530　tomitaya.cc
図書館10:00〜19:00、
土日曜・祝日休（変更の可能性あり）
図書館入館料100円
近鉄八木西口駅から徒歩約7分
※実店舗でのコーヒー豆の販売は行っていないため、購入は上記ホームページから

MAP 見どころ&その他
35 [P.10] 今井町

# 睦月
むつき

》》 吉野杉箸や赤膚焼の箸置きなど
奈良の逸品が並ぶカフェ

　吉野出身のオーナーが、昭和6
（1931）年築の長屋を改装して2017
年にオープンした雑貨店＆カフェ。義
理の兄がつくっているという吉野杉箸
をはじめ、奈良伝統の焼きものであ
る赤膚焼の箸置きや小皿、古布小物
を販売しています。

　人気はなめらかなチーズクリームの
ほか、自家製の餡や干し柿、抹茶水
羊羹などが入った和風テイストの睦
月ティラミス。吉野杉の升に入って供
されるティラミスにあしらわれている
のは、今井町のシンボルでもある駒つ
なぎ。江戸時代に大名貸や蔵元、掛
屋を営んでいた家に取りつけてあり、
町を訪れた武士が牛や馬をつないだ
ものです。今井町、そして奈良の歴史
を感じられる落ち着いたカフェです。

今井町のシンボル「駒つなぎ」をココアパウダーで仕上げた睦
月ティラミス600円は、1日10個限定。

1.格子から差し込む光が美しい店内。　2.吉野
でつくられた吉野杉のまな板2500円や、キャン
ドルホルダー550円なども販売。

📍橿原市今井町1-9-12
0744-47-3717
mutsukiimai.wixsite.com/mutsuki
12:30〜17:00（L.O.16:30）、
月〜水曜休（祝日の場合は営業）
近鉄八木西口駅から徒歩7分

# Hackberry

ハックベリー

MAP 飲食店
**39** [ P.10 ]

今井町

>>> 築150年の素敵な古民家カフェ
夜10時まで食事OK

　今井町の東の入口、飛鳥川にかかる蘇武橋のほとりにあるカフェ。Hackberryとはエノキ属の広葉樹のことで、お店の目の前に、奈良県内で最初に指定された景観重要樹木である樹齢400年のエノキ属の木があることから名づけられました。

　文化財指定されている築約150年の古民家を、オーナーはじめスタッフがセルフリノベーション。アンティークの床材やアメリカ生まれのブリキ製の化粧パネル「ティンパネル」、ウィリアム・モリスの壁紙があしらわれていて、店内はまるで海外のカフェのような雰囲気です。夜が早い奈良で、夜10時まで食事ができるのも貴重。おしゃれな空間で、ワインと一緒においしい食事を楽しんでください。

シンボルツリーのエノキがお店の目印。

📍 橿原市今井町1-3-3　0744-29-0080
cafe-hackberry.net
11:00〜22:00 (L.O.21:30)、
火曜11:00〜18:00 (L.O.17:30)、無休
近鉄八木西口駅から徒歩約3分

卵をたっぷり使用するジャーマン生地を、オリジナルレシピでつくったドイツ風パンケーキ、Dutch Baby830円〜。こちらは季節限定の紫芋。

映画ロケの多い今井町で、ケータリングを何度も担当。「Cinematic Lunch Plate〜シネマティック ランチ プレート〜」1630円は、映画撮影隊に提供したケータリングメニューがもとになっている。

客席は地下1階、1階、中2階、2階があり、中2階にはフランス、ドイツ、アメリカからやってきた100年以上前の花や葉の標本が飾られている。

世界中から集められたアンティークやヴィンテージものものインテリア。

1.フランスとイギリスから買いつけた1860〜1890年代のティンパネル。 2.トイレの壁紙はウィリアム・モリス。天井や床材もすべてこだわりぬいている。

# 笑夢空 em.sky
えむすかい

>>> **ノスタルジックなガラスの器に
ときめく雑貨店＆カフェ**

　骨董市に行っては大好きな古道具を集め、「いつかは古民家で古道具屋さんをやりたい」と思っていたというオーナーの寺田さん。NPOを通じてこの古民家を購入し、改装しました。まずは雑貨店としてスタートしましたが、町家の空間をいろんな人に楽しんでほしいとカフェもオープン。アイスクリームや無農薬の米粉を使ったチーズケーキなど、すべて手づくりして提供しています。

　店内で販売されている雑貨はどれもかわいいのですが、特筆すべきはガラスの器。昔懐かしいビアジョッキやそうめん鉢などに胸がときめきます。値段はほとんど1000円以下！ 数万円単位でまとめ買いしていく人もいるそうです。私はここで椿が描かれているジョッキグラスを購入し、愛用しています。

📍 橿原市今井町4-5-15
www.instagram.com/
_._em.sky_._/
12:30〜17:00(L.0.16:00)、
土曜休 (不定休あり)
近鉄八木西口駅から徒歩7分

1.手づくりの赤しそジュースと、いちじく、ホワイトチョコ、アールグレイ入りの米粉のバスクチーズケーキ アイスクリーム添え。 2.寺田さんが集めたガラスの器を販売。カメイガラス、ササキ、トーヨーなど昭和のプレスガラスが多い。 3.カップ＆ソーサーや、マグカップなども並ぶ。カフェスペースは4席のため、予約がベター。

# 今井町見晴らし茶屋 ももや
いまいちょうみはらしぢゃやももや

>>> 今井町の町家群を見渡せる
奈良名物を集めた茶屋

　店主の砂田さんは京都出身で、長らく東京の大学で教鞭を取っていました。8年前の元日にはじめて今井町を訪れ、古民家群が見事に残り「日常が非日常の町」であることに感銘を受けたといいます。2階から今井町の街並みが見渡せるこの建物を別荘として購入し、吉野杉を使って改装。その後、カフェをオープンしました。カフェスペースでは月ヶ瀬のお茶や、奈良県が誇るブランドいちごの古都華を使った甘味、三輪素麺など奈良名物をリーズナブルな値段で提供。おみやげコーナーも充実しています。

　時間があれば、砂田さんに今井町の歴史についてぜひ質問してみてください。「なぜ今井町がこの姿をとどめているか」をとてもわかりやすく教えてくれます。

ももや特製、桃サイダー600円。奈良県山添村の「上島製菓」の手焼きせんべいつき。

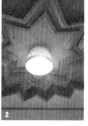

1.2階のカフェスペースはカウンター席が中心で、ひとりでもゆったりくつろげる。 2.吉野杉を使った飾り天井。改装した際、大工さんが細工してくれたもの。

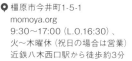

📍 橿原市今井町1-5-1
momoya.org
9:30〜17:00 (L.O.16:30)、
火〜木曜休 (祝日の場合は営業)
近鉄八木西口駅から徒歩約3分

# Tama

タマ

MAP
飲食店
42 [ P10 ]

今井町

》》》軽やかなフレンチを
シンプル・シックな店内で

オープンしたのは今井町にレストランやカフェがほとんどなかった2011年。東京や横浜で修業した南部礼一郎シェフによるフレンチ・レストランです。東京時代から「いずれは地方都市にお店を持ちたい」と考えていた南部さんは、妻の実家がある奈良県の食材と今井町の佇まいに魅力を感じ、こちらに出店しました。築150年の古民家をモダンに改装した店内は、シンプル・シックな雰囲気です。

「体と心を癒し、元気になる料理」がテーマのコース料理を提供していて、奈良の若手農家が育てる有機野菜がたっぷり。メインには脂身の多い牛肉は使用せず、鹿肉や豚肉を使うことが多いそう。ランチ、ディナーともに予約必須。人気店のため、早めの予約がおすすめです。

1.ランチは5500円で12時スタートのみ。メインの一例、五條の鹿のロティ ビーツのソース。 2.前菜のサンマと秋野菜。皮も身もやわらかい、有機栽培の庄屋なすを使用。 3.店名のTamaは漢字の「玉」が由来で、宝物という意味を込めている。

📍 橿原市今井町4-5-14　0744-24-8868
www.imaicho-tama.com
12:00〜14:30、18:00〜22:00、水曜休
近鉄八木西口駅から徒歩約7分

MAP
見どころ&その他
**36** [ P.10 ]

橿原市

# 橿原神宮

かしはらじんぐう

>>> 日本の「はじまりの地」に
創建された皇室ゆかりの社

橿原は、『日本書紀』に日本建国
の地と記されています。第一代天皇と
される神武天皇は、約2680年前に
橿原宮で即位されたと伝わり、その橿
原宮址に明治23（1890）年4月、創
建されたお社です。神社としての歴史
はそれほど古くないものの、神武天皇
即位の地ということで格式は高く、皇
族方も時折参拝されています。

広い境内には玉砂利が敷き詰めら
れており、どこもかしこも美しく手入
れが行き届いてすがすがしい気持ち
になります。お参りするだけですっと
背筋がのびるような場所です。また、
近くには神武天皇陵もあります。

1

1.建国記念の日である2月11日の「紀元祭」をはじめ、さまざまな祭
典、行事が行われる内拝殿。昭和15（1940）年は神武天皇が即位さ
れ、日本が建国して2600年を迎える年だった。これを祝うため、昭和
14（1939）年に建造された。 2.多くの参拝者が訪れる外拝殿。こち
らも昭和14（1939）年建造。 3.第一鳥居から外拝殿までは徒歩で5
分ほど。玉砂利の参道が続くので歩きやすい靴で訪れて。

📍橿原市久米町934　0744-22-3271
kashiharajingu.or.jp
日の出〜日没（季節により
開閉門時間が異なる）、無休
拝観無料
近鉄橿原神宮前駅から徒歩約10分

写真提供：橿原神宮

# 藤原宮跡
ふじわらきゅうせき

MAP
見どころ&その他
37 [ P.10 ]

橿原市

1.藤原宮跡に遺跡などはなく、アクセスもあまりよくないけれど、桜と菜の花の時期は一見の価値あり。 2.藤原宮跡から見える香具山は大和三山のひとつ。山中には神社が3つあり、パワースポットとしても知られる。

## 》》 菜の花と桜が美しい夢のような景色が広がる場所

　藤原京は、「春すぎて 夏来にけらし 白妙の 衣ほすてふ 天の香具山」という歌が百人一首に収められている持統天皇が完成させた都です。今でも藤原宮跡から香具山を望む南東の方角には高層の建物がないため、持統天皇が歌を詠んだ当時の面影をしのぶことができます。

　奈良では春が来ると毎年、「藤原宮跡で桜と菜の花が見ごろを迎えています」というニュースが流れます。コスモスや蓮の花も植えられていて一年中美しいのですが、やはり桜と菜の花の時期は別格。夢のような景色が広がる春に、ぜひ訪れてほしいスポットです。

📍 橿原市醍醐町ほか
0744-47-2270（橿原市観光交流センター「かしはらナビプラザ」）　入場無料
近鉄大和八木駅から橿原市コミュニティバスの橿原市昆虫館行きに乗り「橿原市藤原京資料室前」下車、徒歩約4分

## 奈良県の一大ターミナル、大和八木駅とは？

　橿原市は、昔から交通の要所として知られている土地。近鉄大和八木駅周辺は、古代の官道だった下ツ道（後の中街道）と横大路が交わる交通の要衝でした。現在の大和八木駅は、大阪、京都、奈良、名古屋から近鉄電車の特急が停車するなどアクセスがよく、今井町や橿原神宮だけでなく、明日香や吉野方面への観光拠点としても便利です。吉野や國栖など奥大和にレンタカーで行く際には、大和八木駅周辺で車を借りるのがおすすめ。奈良市内で借りるより、運転時間が短くてすみます。

# 足をのばして
‑ ‑ ‑ ‑ ‑ ‑ ‑ ‑ ‑ ‑ ‑ ‑

# 吉野

よしの

桜の季節は大混雑するけれど、その美しさは一見の価値あり。Photo: Sean Pavone ¦ Dreamstime.com

## 修験道の発祥の地

日本に古くから伝わる山岳信仰をもとにした宗教、修験道の発祥の地といわれている吉野。吉野を歩いていると、修験道の開祖である役行者についての説明書きをあちこちで見かけます。生没年などは不明ですが、役行者は奈良県御所市出身で、7〜8世紀に実在したとされる人物。幼少の頃から修行に励み、吉野山の奥深くにある大峯山の千日修行で金剛蔵王大権現を会得しました。この時、山桜に大権現を刻んだという伝承があり、以来、桜は吉野のご神木になったといいます。

吉野の金峯山寺には今も修行に励む修験者（山伏）が訪れ、役行者に仕えた鬼の夫婦、前鬼と後鬼を先祖とする人が、下北山村で修験者のための宿を営んでいます。役行者は、人々の心のなかに生き続けているのです。

# 一生に一度は訪れたい桜の名所

近鉄吉野駅と、そこから徒歩3分ほどの場所に乗り場がある吉野ロープウェイが運行するふもとの下千本から、山頂近くの奥千本エリアまで、シロヤマザクラを中心に約200種3万本の桜が密集している吉野山。その景色はまさに桃源郷と呼ぶにふさわしく、西行法師、松尾芭蕉、そして豊臣秀吉が率いた5000人の武将と文人たち……と、吉野山で花見をした歴史上の人物が大勢います。

現代も吉野山の桜をひと目見ようと、全国から観光客がやってきます。そのため桜の時期の週末は大混雑。駐車場は1時間待ち、バスは満員で2台見送り、なんてことも。レストランやカフェは前もって予約しておかなければ入れず、テイクアウトの柿の葉ずしなども昼前にはすべて売り切れ。何か月も前から予約する、お弁当を持って行くなどなんらかの手はずを整えてから訪れましょう。

人混みが苦手で東京から関西に引っ越した私は、シーズンオフ、とくに新緑の季節の吉野山がお気に入り。お店はほぼ閉まっていますが、ゆっくり山の景色を楽しみながら散策できます。通年営業しているお店もいくつかあり、予約しなくても入れます。ぜひ「静かな吉野山」を味わってみてください。注意が必要なのは交通手段。桜の時期は臨時バスも出ますが、通常は土日曜のみで、ロープウェイも金〜月曜のみの運行。流しのタクシーもありません。レンタカー利用を強くおすすめします。

## ACCESS

近鉄奈良駅から近鉄奈良線、橿原線急行（大和西大寺駅乗り換え）、吉野線（橿原神宮駅乗り換え）に乗り吉野駅まで1時間40分。吉野駅から徒歩3分の吉野ロープウェイ千本口駅から吉野山駅まで約10分。または吉野駅ひとつ手前の吉野神宮駅まで1時間37分、吉野神宮駅から路線バス吉野山奥千本ラインに乗り「竹林院前」まで約20分

1.四季折々の景色が美しい竹林院群芳園は大和三庭園のひとつ。入園料は400円。 2.「ダラニスケ」は1300年の歴史を誇る胃腸薬。役行者が製法を伝えたといわれる。

# 金峯山寺
きんぷせんじ

MAP
見どころ&その他
**38** [ P.10 ]
吉野町

>>> 役行者が創建した修験道の総本山。本尊は日本最大の秘仏

天武天皇の時代に、鬼を弟子として従えていたと伝えられる呪術者、役行者（P.120）。その役行者が、金剛蔵王大権現を本尊として開いたのが金峯山寺だと伝えられています。2004年には、「紀伊山地の霊場と参詣道」としてユネスコの世界文化遺産に登録されました。

本尊である全身を青黒い色で塗られた金剛蔵王大権現は、怒りに満ちた表情がとても恐ろしく、私の息子は写真を見るだけで泣いていましたが、その青黒色は怒りのなかにもすべてを許す慈悲と寛容をあらわしているといいます。普段は見ることができませんが、国宝仁王門修理勧進のため、毎年一定期間ご開帳されます。

1.秘仏本尊金剛蔵王権現3体（重要文化財）。国宝仁王門の修理勧進のために、毎年期間限定でご開帳される。 2.修験道の根本道場で、現在も全国の修験者・山伏が集う。

📍 吉野町吉野山2498　0746-32-8371
www.kinpusen.or.jp
8:30〜16:00、無休
拝観料800円
（秘仏御本尊特別ご開帳時1600円）
ロープウェイ吉野山駅下車、徒歩約10分

# 吉水神社
よしみずじんじゃ

MAP
見どころ&その他
**39** [P.10]
吉野町

》》 後醍醐天皇が南朝の皇居に。日本史ファン必見の桜の名所

　吉野山は、時の権力者により劣勢となった要人を護り再起を図る場所でした。吉水神社は、そんな歴史を色濃く反映しているスポットです。もともとは1300年以上前、役行者（P.120）が開いた僧房でしたが、室町時代には足利尊氏の反逆から逃れた後醍醐天皇がここを南朝政権の皇居と定めます。源頼朝に追われた源義経と静御前も、ここ

でしのび暮らしたと伝えられます。皇室の気品が残る御所造の書院建築は素晴らしく、南朝の古文書や義経が身に着けた武具などの宝物を間近で見ることができます。

　豊臣秀吉が公家や武将など約5000人をともなってお花見をしたのも吉水神社。境内には「一目千本」の名の通り、吉野山を覆う桜を一望できるスポットがあります。

1.後醍醐天皇玉座。豊臣秀吉は花の宴を催した際この部屋に滞在し、秀吉の寄贈により修繕された。　2.建物のなかは美術品の宝庫。　3.江戸時代初期に活躍した狩野派の絵師、狩野山雪による襖絵「群鶴」などを間近に見ることができる。　4.もみじや桜が美しい庭も必見。遠くに金峯山寺を望める。

📍 吉野町吉野山579　0746-32-3024
www.yoshimizu-shrine.com
9:00～17:00、無休
書院600円
ロープウェイ吉野山駅下車、徒歩約35分

# 草木染Craftそよご

くさきぞめクラフトそよご

MAP
ショップ
**19** [ P.10 ]
吉野町

1

1.刺し子糸は1かせ500円。同じ種類の草木でも、採取した場所や使用する部位によって違う色が出るという。 2.「吉野の水がいいせいか、クリアで美しい色が出ます」と幸田さん。3.草木染の糸を巻いてつくった手毬。ポーチやマスクなども販売している。

## 》》吉野の植物と水を使った 色あざやかな草木染

趣味の刺し子で使う糸を、自分で染めたらどうなるだろうか——。店主の幸田さんはそう考えて、吉野山の植物を使って草木染をはじめました。草木染というとくすんだ渋い色合いというイメージがあったのですが、幸田さんが染める糸はとてもあざやか。

いちばん人気は、吉野の山桜を使って染めたピンクの糸。実は、吉野山の桜の木はご神木なので、勝手に切ることができません。「台風での倒木や、寄進された山桜を植樹する時に切られる枝の部分を山守さんから譲っていただいて染めています」とのこと。色止めに使う媒染も、桜の落ち葉や椿を燃やした灰を使っているのだとか。ふたつと同じ色はない草木染の糸を見ているだけでも楽しいお店です。草木染の小物やスカーフなども販売しています。

📍 吉野町吉野山1256
0746-32-3062
yoshinoyama-soyogo.com
9:00～15:00、
繁忙期（桜および紅葉の時期）
9:00～17:00、不定休
近鉄吉野神宮駅から
大峯ケーブルバスの
吉野山奥千本口ライン
上りに乗り「竹林院前」下車、
徒歩約10分

2

3

# 葛の御菓子 TSUJIMURA & Cafe Kiton

くずのおかしツジムラアンドカフェキートン

MAP 飲食店 **43** [P.10] 吉野町

》》》 吉野葛がおいしいカフェ。吉野と奈良の名物がそろう

奈良で生まれ育った友人に「吉野に行ったらなにする?」と聞くと、「TSUJIMURA でお茶! 一年中営業しているし、おしゃれでとてもおいしい」と即答してくれました。TSUJIMURAは、吉野山出身のご主人がUターンして開いた吉野葛のお店&カフェ。吉野杉がふんだんに使われた店内では、つくりたての葛切りや葛餅をいただけます。土日曜、祝日限定の「お出汁が美味しいランチ」も好評です。

食品色素を使っていないやさしい色合いの吉野葛のほか、吉野杉の箸や靴下、香り高く味わい深い大和茶、木工品、鉄鋼品、麻商品などご主人がセレクトした奈良産のおみやげも販売。電動のレンタサイクルもできます。

1.注文を受けてからつくる葛餅は大和ほうじ茶つきで1100円。きな粉と黒蜜をかけていただく。 2.ソフトクリームぜんざい葛餅入り、大和ほうじ茶つき750円。暑い季節におすすめ。 3.土日曜・祝日限定、一汁三菜の「お出汁が美味しいランチ」1400円。

🗺 吉野町吉野山950　0746-32-3032
tsujimura-yoshino.com
10:00〜17:00 (L.O.16:30)、火水曜休
近鉄吉野神宮駅から大峯ケーブルバスの吉野山
奥千本口ライン上りに乗り「勝手神社前」下車すぐ

# 手打ちそば 矢的庵
てうちそばやまとあん

MAP 飲食店 44 [P.10]

吉野町

≫ 吉野の名水を使ったそばと地元野菜の天ぷらを

　店主の大矢さんは吉野山出身。大阪の会社で働いていましたが、桜の季節の吉野山で友人を手伝って鮎ずしを販売した際、お客さんにとてもよろこばれた経験から飲食業界へ。21歳から5年半、信州・戸隠のそば店で修業した後、帰郷して2011年に開いたのが矢的庵です。桜の季節だけでなく、通年営業しているうれしいお店です。

　おいしいそばとして名高い八ヶ岳産の霧下そばと吉野の水を使って打つそばは、9割の「田舎そば」と8割蕎麦の2種類。奈良県産の野菜を使った「季節の天ぷら」は、ぜひ食べてほしいメニュー。5月に訪れた時は、大矢さん自ら吉野山でつんできたという香り高い山菜の天婦羅に舌鼓を打ちました。

1.ざるそば1000円。8割蕎麦はつるっとしたのど越し。　2.季節の天ぷら900円。春から5月いっぱいは、大矢さんが吉野山でつむ山菜も供される。　3.1階の座敷席のほか、地下1階にはテーブル席もある。

📍吉野町吉野山2296（下）
090-2478-5834
www.yamatoan.com
11:00〜17:00（時期により変動あり。そばがなくなり次第終了の場合あり）、不定休
近鉄吉野神宮駅から大峯ケーブルバスの吉野山奥千本口ライン上りに乗り「竹林院前」下車、徒歩約10分

MAP
見どころ&その他
**40** [ P.8 ]

奈良市

# 月ヶ瀬

つきがせ

## 》》1万本以上の梅が咲き乱れる 月ヶ瀬梅渓

　奈良にはいくつか梅林があります
が、私のいちばんのおすすめはやはり
月ヶ瀬梅渓（月ヶ瀬梅林）。五月川
（名張川）が流れる渓谷に沿って1万
本以上の梅が植えられています。ダム
により川がせき止められてできた月ヶ
瀬湖のあたりは、どこを切り取っても
とても絵になり、2～3月に訪れると
梅の馥郁<small>ふくいく</small>たる香りにうっとりします。
梅の時期だけでなく、桜、そして紅葉
の時期も素晴らしいながめを楽しめ
ます。

　余談ですが、少女マンガの金字塔
『ガラスの仮面』（美内すずえ著）の
作中劇『紅天女』に登場する「梅の
谷」は、「奈良県のどこか」という設
定ですが、月ヶ瀬なのではないかと私
は信じています。梅の時期に月ヶ瀬に
行くと、阿古夜（『紅天女』のヒロイ
ン）が梅林から姿をあらわすような気
さえします。

1.月ヶ瀬梅渓の帆浦梅林から見た景色。「一目八景」といわ
れ、ポスターなどにも登場する。坂道がややきついので歩きや
すい靴で。 2.毎年2月から3月にかけて「月ヶ瀬梅渓 梅まつ
り」が開催され、多くの人でにぎわう。 3.赤くて丸いアーチの
月ヶ瀬橋。湖周辺には桜もたくさん植えられている。

📍奈良市月ヶ瀬長引
0743-92-0300
（月ヶ瀬観光協会）
tsukigase-kanko.or.jp
JR奈良駅または
近鉄奈良駅から
奈良交通バスの尾山
または梅の郷月ヶ瀬温泉
行きに乗り約1時間20分、
終点下車

# 宇陀松山
うだまつやま

MAP
見どころ&その他
**41** [ P.8 ]
宇陀市

江戸時代や明治時代に建てられた町家がたくさん並ぶ宇陀松山地区。

》》 古民家が並ぶ薬の町。「きみごろも」をぜひ

ロート製薬、ツムラ（旧津村順天堂）、アステラス製薬（旧藤沢薬品）——。これら製薬会社の共通点をご存じですか？ 答えは創設者が奈良県宇陀市出身ということ。古くは『日本書紀』に宇陀で薬猟※（くすりがり）をしたという記述があり、今でも薬草の大和当帰の栽培が行われていて、日本最古の薬草園「森野旧薬園」も見学できます。

古い町家が連なる宇陀松山地区を散策するだけでも楽しいのですが、私にとって宇陀のお目当てはきみごろもです。和菓子店の松月堂が明治35年に創業した際に考案したお菓子で、口に入れるとほんのり甘いメレンゲがはかなく溶けていく上品な味わい。一つひとつ手づくりされていて数量が限られているので、確実に購入したい場合は電話予約を。

※鹿の若角や薬草を取る行事

約250種類の薬草木が植えられている森野旧薬園は入園料300円。

📍 宇陀市大宇陀
0745-87-2274（松山地区まちづくりセンター）
aknv.city.uda.nara.jp/matuyama/index.htm
近鉄榛原駅から奈良交通バスの大宇陀行きに乗り約20分「大宇陀」下車、徒歩約2分

---

## 松月堂
しょうげつどう

MAP
ショップ
**20** [ P.8 ]
宇陀市

📍 宇陀市大宇陀上1988
0745-83-0114　kimigoromo.com
8:00〜17:00（売り切れ次第終了）、
水曜・年末年始休・夏季休暇あり
近鉄榛原駅から
奈良交通バスの大宇陀
行きに乗り約16分
「大宇陀高校」下車、
徒歩約6分

一子相伝、門外不出の技法で仕上げられるきみごろも。6個入り907円。

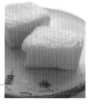

# 国栖の里
くずのさと

MAP 見どころ&その他 42 [P.8] 吉野町

## 》》1000年前から続く紙漉きの里

　大学時代に、谷崎潤一郎の小説『吉野葛』を読んで以来、訪ねてみたいと思っていた國栖。吉野川と高見川との合流地点に広がる集落で、1000年以上前に紙漉きの技術が伝わった和紙の里として知られています。紙漉きは、大海人皇子（のちの天武天皇）が教えたといわれているのだとか。

　のどかな里山の趣が強い地域なのですが、最近では古民家を改装したおしゃれなカフェ「くにす食堂」やゲストハウスが開店。小学校の廃校跡に、キャンプができる「くにすの杜」もオープンしました。都会からの移住者も増えつつあるといいます。車でないと行きづらいのが難点なのですが、奥大和（県南部・東部）の景色はわざわざ見に訪れる価値のある美しさです。

📍吉野町国栖　0746-36-6838（国栖の里観光協会）
www.kuzunosato.jp
近鉄大和八木駅からレンタカーで約1時間

壬申の乱で、大海人皇子が逃れてきたといういい伝えがある国栖の里。大きく蛇行する吉野川が流れる。

### くにす食堂
くにすしょくどう

MAP 飲食店 45 [P.8] 吉野町

📍吉野町窪垣内246
050-3716-1101　kunisu.stores.jp
11:00〜17:00、月〜木曜休
近鉄大和八木駅からレンタカーで約1時間

地元の人や観光客でにぎわう古民家カフェ。土日曜のランチは予約がおすすめ。

# 洞川温泉
どろがわおんせん

》》 幻想的な山奥の温泉街

　奈良県のほぼ中央、天川村にある温泉郷が洞川温泉です。大峰山で修験道の修行をする行者をもてなす宿場町として栄えてきました。現在、旅館や民宿が20軒ほど、そのほか天然生薬由来の和漢胃腸薬「陀羅尼助丸」を販売するお店や、みやげもののお店が軒を連ねています。

　夜のとばりが下りると、町のいたるところにぼんぼりが灯り幻想的な雰囲気。ジブリ映画『千と千尋の神隠し』を思い起こさせます。洞川温泉の泉質は弱アルカリ性単純泉で、美肌の湯として知られています。村営の日帰り温泉施設もありますよ。

1.どこか懐かしい雰囲気の温泉街。洞川温泉の周辺から湧き出す天然水は「名水百選」にも選ばれていて、「ごろごろ水」の名前で親しまれている。2.写真奥に見える集落が洞川温泉。標高約820mの地に広がる。
Photo: Tatehiko Yano

📍 天川村洞川　0747-64-0333（洞川温泉観光協会）
www.dorogawaonsen.jp
近鉄下市口駅から奈良交通バスの
洞川温泉行きに乗り約70分、終点下車

## 村営洞川温泉センター
そんえいどろがわおんせんセンター

📍 天川村洞川13-1
0747-64-0800
11:00～20:00、夏季11:00～21:00、
水曜・12月29日～1月1日休
入浴料700円
近鉄下市口駅から奈良交通バスの
洞川温泉行きに乗り約70分、
終点下車徒歩約5分

吉野杉を使った内湯、露天風呂を供えている。

# 高取町
たかとりちょう

1.壷阪寺の大雛曼荼羅は圧巻。ビールジョッキを持っている随身の人形もある。2.町をあげてのひな祭り。毎年「雛めぐりマップ」も製作される。

「町家の雛めぐり」では各家庭で飾られるお雛様を見ることができる。無料で参観可能。

## 》》城下町で楽しむ「町家の雛めぐり」

明日香村の隣に、高取町という町があります。日本三大山城にあげられる高取城の城下町としてかつて栄えた町で、土佐街道沿いに古い町家がたくさん残っています。

毎年3月に、その土佐街道沿いを中心に行われるのが「町家の雛めぐり」。イベント会場やお店だけでなく、民家でもそれぞれが持っているお雛様が飾られます。「長女が生まれた時に大阪の人形店で祖父母が購入」、

「お嫁に来た時に持ってきました」など由来書きが添えてありほっこり。1500体以上のお雛様がまつられる壷阪寺の「大雛曼荼羅」も見ごたえがあります。

📍 高取町城下町エリア一体
0744-52-1150（観光案内所「夢創館」）
sightseeing2.takatori.info
3月1～31日開催
近鉄壺阪山駅から徒歩約5分

# 奈良ホテル
ならホテル

MAP
宿泊施設
**1** [ P.6 ]

奈良市中心部

## 》》》 ヘプバーンも宿泊したあこがれのクラシックホテル

奈良ホテルは、明治42（1909）年10月17日に開業した日本を代表するクラシックホテルのひとつ。本館を設計したのは、東京駅や日本銀行本店などを手がけた建築家の辰野金吾氏です。瓦葺きの屋根など外観は「和」でありながら、レストランや客室のインテリアは「洋」の趣。実は建設に際して、「古建築との調和を保持すべし」と県議会が決議したため、和洋折衷様式を採用したのだそう。戦後は米軍に接収されたりなど、紆余曲折ありましたが、昭和58（1983）年1月に株式会社奈良ホテルが設立。新館も建てられ、現在の姿になりました。

館内には、上村松園の美人画「花嫁」や赤膚焼の擬宝珠、釣燈籠を模した和風シャンデリアなど貴重な美術品がたくさん。廊下にあるラジエーターでさえデコラティブでかわいいのです。そしてせっかく泊まるなら、ぜひ本館で、オードリー・ヘプバーンやアインシュタインも滞在したクラシックな空気を感じてください。

1.メインダイニングルーム、三笠。宿泊しなくても、食事に訪れるのもおすすめ。 2.明治の趣が漂う本館ロビー、桜の間。夕方5時から夜8時までは宿泊者専用ラウンジになる。 3.大正時代から終戦前までは関西の迎賓館といわれ、国賓・皇族が宿泊する迎賓館に準ずる施設だった。

📍奈良市高畑町1096
0742-26-3300　www.narahotel.co.jp
1泊16800円〜（2名1室利用、
1名分の料金）、朝食つき　全127室
近鉄奈良駅またはJR奈良駅から
奈良交通バスの天理方面行きに乗り
「奈良ホテル」下車、徒歩約1分

レセプション上のシャンデリアは、春日大社本殿の
釣燈籠をモチーフにデザインされた。

4.本館のツインルーム「デラックス ガーデン
ビュー」。39㎡の広さがあり、3人まで宿泊で
きる。 5.ホテル内からの景色。奈良公園や中
庭の緑が目に沁みる。

本館1階にあるバー、ザ・
バー。オーセンティックな
カクテルが人気。

# MIROKU 奈良
# by THE SHARE HOTELS

ミロクならバイザシェアホテルズ

MAP
宿泊施設
**2** [ P.6 ]
奈良市中心部

## 》》》奈良の素敵を詰め込んだ
## シンプル・モダンなホテル

「地域との共生」を目指すホテルブランド、THE SHARE HOTELSが奈良公園南の荒池のほとりにオープンさせたのがMIROKU奈良です。客室はすっきりとシンプルで使いやすいレイアウト。

特徴は、奈良のアーティストたちとのコラボレーション。地下フロアのインテリアデザインを担当したのは奈良県出身の建築家、佐野文彦さん。カフェ・バーのメニューを監修したのは奈良で長年人気のカフェ「くるみの木」のオーナー、石村由起子さん。館内で見かけるスピーカーは、奈良市の工房「listude」の作品。中川政七商店とコラボレーションした部屋もあります。奈良の「素敵」を詰め込んだホテルなのです。

1.地下1階にある「弥勒 MIROKU」は本堀雄二さんの作品。使用済段ボールや紙の芯を使って製作されている。 2.1階のCAFÉ & BAR MIROKU TERRACEは宿泊客以外も利用できる。 3.プラスチックを削減したアメニティを使うなど環境保全に配慮。 4.地上階は芹沢啓治建築設計事務所がデザインした和のインテリア。多くの部屋からは荒池や春日山原始林、興福寺五重塔を望める。Photo: Takumi Ota

📍奈良市高畑町1116-6
0742-93-8021
www.thesharehotels.com/miroku
1泊12000円〜（1室料金）
全44室
近鉄奈良駅から徒歩約10分

# NIPPONIAホテル 奈良 ならまち
ニッポニアホテルならならまち

MAP 宿泊施設 ③ [P.6] 奈良市中心部

1

## 》》 創業150年を超える造り酒屋がラグジュアリーホテルに

　かつてならまちには、たくさんの造り酒屋が軒を連ねていました。この地で創業し、昭和のはじめに奈良市今市町に移転した奈良豊澤酒造の元酒蔵を、ホテルとしてよみがえらせたのがNIPPONIA HOTEL 奈良 ならまち。客室数8室のスモール・ラグジュアリーホテルです。テーマはずばり「日本酒／SAKE」。奈良豊澤酒造の協力により、酒粕風呂や酒蔵見学が楽しめます。

　客室は高い天井やむき出しの梁、床の間や欄間など、古民家のよさをいかしたインテリア。職人手づくりの檜風呂つきの部屋もあります。宿泊客以外も利用できるレストランには、ここでしか飲めない限定酒も。

3

1.2階にある105「KANOE」は梁が美しい客室。8室それぞれに趣が異なり、何度泊まっても新鮮。 2.108「KANOTO」。一部客室には職人が手がけた檜風呂が設置されている。 3.古民家の土間をリノベーションしてつくられた「レストラン ルアン」。レストランのみの利用もOK。 4.奈良在住のコンシェルジュが常駐していて、さまざまな希望をかなえてくれる。

📍 奈良市西城戸町4　0120-210-289
www.naramachistay.com
1泊25289円〜（1室料金）
全8室
近鉄奈良駅から徒歩約8分

# ANDO HOTEL 奈良若草山

アンドホテルならわかくさやま

MAP 宿泊施設 4 [P.8] 奈良市

>>> 奈良市内を一望できる
若草山に建つホテル

　奈良にホテルは数多あれど、若草山には2軒しかありません。そのうちの1軒がここ。創業50年の旅館をモダンに改装して、2020年にオープンしました。

　どの部屋も広々としていて素晴らしいのですが、ペントハウススイートは入った瞬間息をのむこと間違いなし。東大寺から大和三山、旧奈良監獄まで奈良市内を一望できます。ここでプロポーズをする人も多いのだとか。スイートに泊まるのは予算的にちょっと、という人もご安心を。屋上にある4つの貸切展望露天風呂からほぼ同じ景色を楽しめます。露天風呂は1部屋につき1枠（50分）、無料で利用可能です。

1.屋上の貸切風呂。東大寺の大仏殿など、奈良市内の眺望を楽しめる。　2.ホテル最上階のペントハウススイートは110㎡の広さを誇る。　3.パノラマビューツイン（503号室）の窓からは、若草山麓の原始林と、香具山、畝傍山（うねびやま）、耳成山の大和三山を見渡せる。　4.ロビーには薪を燃やす暖炉が。薪割りや星空ウォッチなど無料のイベントも多い。

📍奈良市川上町728
新若草山ドライブウェイ沿
0742-23-5255
andohotelnara.com
1泊24700円〜（2名1室利用、
1名分の料金）、夕朝食つき
全21室
近鉄奈良駅からタクシーで約10分

# ホテル日航奈良
ホテルにっこーなら

MAP
宿泊施設
**5** [ P.6 ]
奈良市中心部

## 》》》 便利な立地でリーズナブル

　若草山焼きを見るために、私が修学旅行以来はじめて奈良を訪れたのは2011年。その際に泊まったのがこちらです。ホテルニッコーという安心のブランドでJR奈良駅直結という便利な立地でありながら、ひとりあたり1万円以下（2名1室利用時）で泊まれる日もたくさんありとてもリーズナブル。宿泊者専用浴場もあり、奈良の伝統食を提供している朝ごはんもおいしい。大満足間違いなしのホテルです。

📍 奈良市三条本町8-1
　0742-35-6812（宿泊予約）
　www.nikkonara.jp
　1泊15000円〜（1室料金）　全330室
　JR奈良駅西口から直結

1.ツイン、トリプル、フォースと部屋タイプはバラエティに富んでいる。若草山や五重塔などが望める部屋も。　2.朝食バイキング「奈良の朝ごはん」3000円は、奈良県産の酒粕を使用した「興福寺の粕汁」など奈良の食材をいかしたメニュー。
3.宿泊者専用浴場は無料で利用可能。

# JWマリオット・ホテル奈良
ジェイダブリューマリオット・ホテルなら

MAP
宿泊施設
**6** [ P.8 ]
奈良市

## 》》》 今いちばん泊まりたい高級ホテル

　奈良にはじめてオープンした世界的ブランドの高級ホテル。2020年夏のオープン直前、「マリオットが来る！」と私のまわりの奈良在住女性たちがざわめきました。観光スポットからは少し離れていますが、ラグジュアリーな滞在を味わいたい人はぜひ。四季や地域の食材をいかしたアフタヌーンティーも大人気です。

📍 奈良市三条大路1-1-1　0742-36-6000
　www.marriott.co.jp/hotels/
　travel/osajw-jw-marriott-hotel-nara/
　1泊34200円〜（1室料金）
　全158室
　近鉄新大宮駅から徒歩約10分

1.朝食からディナーまで提供しているオールデイダイニング「シルクロードダイニング」。　2.奈良の古民家に見られる木材のような、ナチュラルであたたかな色調が特徴的な客室。

# うぶすなの郷 TOMIMOTO

うぶすなのさとトミモト

MAP 宿泊施設 **7** [P.8] 安堵町

1.美しい庭園を望みながら食事が楽しめるレストラン「五風十雨」。完全予約制なのでホームページで確認を。2.五風十雨では、昼食は「うぶすなの箱」5500円〜、夕食はうぶすなの会席「竹林月夜」8800円〜などを提供。

3.客室は、富本憲吉が愛用した書斎をそのままに残した「日新」と、蔵をリノベーションしたメゾネット式の「竹林月夜」の2室。
4.日本庭園やイングリッシュガーデン、憲吉桜など庭も見事。

## 》》奈良が誇る人間国宝、富本憲吉の生家がホテルに

日本の近代陶芸を牽引し、昭和30（1955）年に人間国宝に認定された陶芸家、富本憲吉を知ったのは大学時代。平塚らいてう率いる青踏社にいた尾竹紅吉（富本一枝）の配偶者として、でした。ふたりが暮らした憲吉の生家「富本憲吉記念館」にいつか行きたいと思っていたら2014年に閉館。ひと足遅かったかと悔やみましたが、2017年にホテルに生まれ変わったおかげで、内部を見られるようになりました。

庭、調度品、佇まいすべてが美しい客室は2室のみで、ひとり1泊5万円以上。おいそれとは泊まれない料金ですがご安心を。レストラン「五風十雨」は宿泊客以外も利用可能で、ランチも提供しています。憲吉と紅吉が愛した家をどうぞ堪能あれ。最寄りは斑鳩町のJR法隆寺駅です。

📍安堵町東安堵1442 0743-56-3855
and-tomimoto.jp
1泊50000円〜（2名1室利用、1名分の料金）、夕朝食つき 全2室
JR法隆寺駅から奈良交通バスのかしの木台行きに乗り「東安堵」下車、徒歩約5分

## 大阪、京都から奈良へ

東京ほか日本各地から奈良を訪れる場合、新幹線なら新大阪駅か京都駅、飛行機なら大阪の伊丹空港を経由することになります。ただし、伊丹空港からのアクセスはあまりよくありません。できれば新幹線の利用をおすすめします。

### [ 新大阪駅から ]

新大阪駅に到着した場合は、まずJRでひと駅の大阪駅へ移動。大阪駅でJR大和路快速に乗れば、JR奈良駅まで直通50分ほどで到着します。同じホームに大和路快速、紀州路快速（和歌山行き）、関空快速（関西空港行き）、大阪環状線が乗り入れているので、電光掲示板で必ず確認して、乗り間違えないようにしましょう。新大阪駅から奈良駅までトータルの料金は940円、所要約1時間。

近鉄奈良駅に行きたい場合は、大阪駅からJR大阪環状線で鶴橋駅へ。鶴橋駅から近鉄奈良線に乗れば32分で到着です。新大阪駅から近鉄奈良駅までトータルの料金は720円、所要約1時間。

### [ 京都駅から ]

JRと近鉄のどちらでも移動できますが、おすすめは近鉄線の特急利用。普通料金640円プラス特急料金520円がかかりますが、JRより10分ほど早い約35分で近鉄奈良駅に到着します。また、天平文様などが車両にデザインされた豪華なシートの観光特急「あをによし」に乗るのも◎。特急料金520円に加えて特別料金120円がかかります。

### [ 伊丹空港から ]

リムジンバスでまず天王寺駅（あべの橋駅）か大阪駅へ。その後JR大和路快速に乗るのがスタンダードな方法ですが、朝夕は道が混んでいるほか、大きな荷物を持ってバスからJRに乗り換えるのは大変。私はいさぎよく、空港からJR奈良駅行きのリムジンバスに乗ります。料金は1510円。途中、大和西大寺駅や近鉄奈良駅にもとまるので便利です。ただしJR奈良駅まで1時間半ほどかかることと、本数が少ないことがネックです。

## 奈良県内の交通

### 鉄道＆バス

奈良県は「近鉄王国」。近鉄線と近鉄グループの奈良交通バスを利用すれば、たいていの場所に行けます。いずれもSuica、PASMOなどの交通系ICカードを利用できます。奈良交通バスは、均一料金で先払いの路線と、乗車区間により料金が異なり降車時に支払う路線があります。

---

### お得なチケット

**近鉄「奈良・斑鳩1dayチケット」**
出発駅を含む関西の私鉄・地下鉄沿線、奈良・斑鳩エリアの近鉄線と奈良交通バスが1日乗り放題になるチケット。料金は、阪急沿線から2200円、京都市営地下鉄から2000円など。

**近鉄「奈良世界遺産フリーきっぷ 奈良・斑鳩・吉野コース」**
大阪または京都から奈良までの近鉄線の往復と、フリー区間内の近鉄線と奈良交通バスが乗り放題になるチケット。購入時に指定した乗車開始日から3日間有効で、料金は大阪難波駅から鶴橋駅間の各駅、大阪阿部野橋駅、京都駅発着で3050円。桜や紅葉の時期に運行する吉野山臨時バスは利用できません。

**JR「奈良満喫フリーきっぷ」**
JRのサイト「エクスプレス予約」で新幹線のチケットを購入することが条件ですが、京都駅または新大阪駅まで新幹線で行くと、大阪、京都、奈良のフリー区間内のJR線や近鉄線、奈良交通バスが3日間乗り放題になります。料金は3260円。

**近畿日本鉄道**
www.kintetsu.co.jp/railway/rosen/A50001.html
**JRエクスプレス予約**
expy.jp

---

### タクシー

タクシーは近鉄奈良駅、JR奈良駅、JR・近鉄王寺駅など大きなターミナル駅でしかつかまらないことがほとんど。利用したい場合は、事前にインターネットでタクシー会社を調べておきましょう。

# Index

## おわりに

この本を執筆するにあたって、たくさんの方々のお力をおかりしました。この場を借りてお礼を申し上げます。

見知らぬライターからの取材申請を快く受け入れ、お話を聞かせてくださったお店やレストランの方々。「もう書けない、時間が足りない」と弱音を吐いてばかりの私を叱咤激励してくださった編集担当の鈴木利枝子さん。吉野山や明日香へのロケハンに車を出してくれ、素敵なお店を教えてくれた奈良の友人、よしえさん。王寺・三郷・斑鳩方面の取材が入ると、たっぷりのご馳走とお酒を用意して話を聞いてくれた奈良在住の両親と伯父。そして最後に、「今日は奈良まで車で往復したからしんどいねん。スーパーのお惣菜でいい？」と聞く私に「うん、いいよ！俺、かつ丼！」と毎回目を輝かせて賛成してくれた息子。

みなさんのおかげで、この本は完成しました。大好きな奈良の魅力を、少しでも伝えられれば幸いです。

BEER HAWAI'I
~極上クラフトビールの旅
ハワイの島々へ

定価1,760円(税込)

太陽とエーゲ海に惹かれて
きらめきの国
ギリシャへ

定価1,870円(税込)

甘くて、苦くて、深い
素顔のローマへ
最新版

定価1,760円(税込)

アドリア海の
素敵な街めぐり
クロアチアへ

定価1,760円(税込)

南フランスの休日
プロヴァンスへ
最新版

定価1,980円(税込)

遊んで、食べて、
癒されて
タイ・プーケットへ

定価1,650円(税込)

癒しのビーチと
古都散歩
ダナン&ホイアンへ

定価1,650円(税込)

美食の古都散歩
フランス・リヨンへ

定価1,760円(税込)

ダイナミックな自然と
レトロかわいい町
ハワイ島へ

定価1,980円(税込)

魅惑の絶景と美食旅
ナポリと
アマルフィ海岸周辺へ

定価1,760円(税込)

レトロな街で食べ歩き!
古都台南 &
ちょっと高雄へ
最新版

定価1,760円(税込)

新しいチェコ・古いチェコ
愛しのプラハへ
最新版

定価1,760円(税込)

ストックホルムと
小さな街散歩
スウェーデンへ

定価1,870円(税込)

愛しのアンダルシアを
旅して
南スペインへ

定価1,870円(税込)

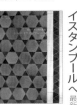

エキゾチックが素敵
トルコ・
イスタンブールへ
最新版

定価1,760円(税込)

ヨーロッパ最大の
自由都市
ベルリンへ
最新版

定価1,760円(税込)

ロシアに週末トリップ!
海辺の街
ウラジオストクへ

定価1,650円(税込)

デザインあふれる
森の国
フィンランドへ

定価1,760円(税込)

大自然と街を
遊び尽くす
ニュージーランドへ

定価1,760円(税込)

グリーンシティで
癒しの休日
バンクーバーへ

定価1,760円(税込)

芸術とカフェの街
オーストリア・
ウィーンへ

定価1,760円(税込)

かわいいに
出会える旅
オランダへ
最新版

定価1,760円(税込)

心おどる
バルセロナへ
最新版

定価1,760円(税込)

食と雑貨をめぐる旅
悠久の都 ハノイへ

定価1,650円(税込)

※定価はすべて税込価格です。(2023年2月現在)

## 京極祥江

きょうごくさちえ

1975年大阪府生まれ。1998年早稲田大学第一文学部文学科卒。雑誌編集者を経てフリーランスへ。月刊［エアステージ］、『通訳翻訳ジャーナル』、講談社サイト「mi-mollet」などにて記事を執筆＆編集。著書に『エアライン制服図鑑』（イカロス出版）、『グランドスタッフになるには』（ぺりかん社）など。2018年から2022年まで奈良県三郷町に在住。

# 魅力あふれるうるわし古都
# 奈良へ

2023年3月10日　初版発行

著者　　　　京極祥江
Copyright © 2023 Sachie Kyogoku All rights reserved.

発行者　　　山手章弘
発行所　　　イカロス出版株式会社
　　　　　　〒101-0051
　　　　　　東京都千代田区神田神保町1-105
　　　　　　電話　03-6837-4661（出版営業部）
　　　　　　メール　tabinohint@ikaros.co.jp（編集部）

印刷・製本所　図書印刷株式会社

文・写真　　京極祥江
写真協力　　一般財団法人
　　　　　　奈良県ビジターズビューロー
デザイン　　千葉佳子 (kasi)
マップ　　　ZOUKOUBOU
編集　　　　鈴木利枝子

※本書掲載の地図は、電子地形図25000、
　地理院タイル（国土地理院）を加工して作成

旅のヒントBOOK
SNSもチェック！